Green Topf

vegetarisch
vegan
vielfältig

Impressum

Projektleitung
Schulverlag plus AG

Projektteam
Franziska Stöckli, Wil
Rolf Hiltl, Dorrit Türck, Marsha Lehmann, Désirée Fischer,
Hiltl Akademie, Zürich
Christian Graf, Bettina Biedermann, Schulverlag plus AG, Bern

Fachliche Begleitung
Projektteam «Das WAH-Buch» (Claudia Wespi, Corinne Senn, Zora Schelbert),
Aline Seebacher, Mirjam Wetli-Kull

Schülerinnen und Schüler
Aylin Akbeyik, Mohammed Ali, Marsola Belay, Nicolas Bize,
Melissa Ehrensperger, Yanis Fehr, Shania Golomb, Joël Kölliker,
Gian-Marco Mantoan, Zoja Martini, Nils Zangerl

Rezepte
© Hiltl AG, Zürich

Grafische Gestaltung
Beling Thoenen Design, Zürich

Medienvorstufe, Korrektorat
Stämpfli AG, Bern

Fotografie
Martin Hemmi

Ausstattung, Foodstyling
Linda Hemmi

© 2019
Schulverlag plus AG
2. korrigierte Auflage 2019 (1. Auflage 2019)
Art.-Nr. 88943
ISBN 978-3-292-00873-2
www.greentopf.ch

Die Auflagen können im Unterricht nebeneinander verwendet werden.

Nicht in allen Fällen war es dem Verlag möglich, den Rechteinhaber ausfindig zu machen. Berechtigte Ansprüche werden im Rahmen der üblichen Vereinbarungen abgegolten. Das Werk und seine Teile sind urheberrechtlich geschützt. Nachdruck, Vervielfältigung jeder Art oder Verbreitung – auch auszugsweise – bedarf der vorherigen schriftlichen Genehmigung des Verlags.

Die Greentopf-Geschichte

Als Klassenlehrerin war ich in den vergangenen Jahren für eine Gruppe von Jugendlichen im Sekundarschulalter verantwortlich. Diese jungen Menschen bekamen im Rahmen einer Tagesschule die Chance für eine Auszeit mit einem Neuanfang. Sie hatten dadurch die Gelegenheit, Verpasstes aufzuarbeiten und sich intensiv dem Schulstoff, aber auch kreativen Projekten zu widmen (www.kunst-statt-krawall.ch).

In eine etwas andere und doch auch sehr kreative Richtung führte die Idee, ein Kochbuch von Jugendlichen für Jugendliche herauszugeben. Ausgangspunkt war die Tatsache, dass wir mit den Schülerinnen und Schülern täglich gemeinsam einen Znüni, einen Zmittag und einen Zvieri zubereiteten. Dabei stellten wir immer wieder fest, dass die Jugendlichen nicht nur grosse Freude am Kochen und an der Zubereitung neuer Gerichte hatten, sondern auch häufig ihre teils multikulturelle Herkunft und ihre Erzählungen rund um das Essen ihrer Heimat zum Tragen kamen. Zudem zeigten alle engagiertes Interesse an einer vielfältigen, ausgewogenen Ernährung.

Mit dieser Vision machten wir uns auf die Suche nach den idealen Kooperationspartnern. In einem ersten Schritt konnten wir die Hiltl Akademie in Zürich gewinnen. Das Kompetenzzentrum für vegetarische und vegane Küche steht für zeitgemässen, gesunden Genuss, was den Jugendlichen besonders wichtig war. Die Hiltl Akademie steuerte zu den Rezepten der Schülerinnen und Schüler weitere 200 bei und stellte ihr über 120-jähriges vegetarisches Know-how für den Informationsteil zur Verfügung.

Der Schulverlag plus, der von Beginn weg an dieses Projekt glaubte, ergänzte das Projektteam und brachte die langjährige Erfahrung in der Lehrmittelentwicklung und -produktion ein.

Vor sich haben Sie das Ergebnis unserer sorgfältigen Zubereitung: ein Kochbuch, von Schülerinnen und Schülern für ihresgleichen, um sie für das Kochen, die Vielfalt an Gerichten und das gemeinsame Essen und Geniessen zu begeistern.

Viel Freude damit und en Guete!
Franziska Stöckli, Initiantin

Inhalt

6 Infos

- 7 Vegetarische Ernährung
- 8 Vegetarische Ernährungsformen
- 10 Tipps für eine nachhaltige Ernährung
- 12 Vegetarische Ernährung und Gesundheit
- 14 Wichtige Lebensmittel
- 18 Tofu
- 20 Seitan
- 22 Allergien und Unverträglichkeiten
- 24 Gemüse und Früchte nach Saison
- 28 Literatur

30 Rezepte

- 31 Rezeptverzeichnis
- 34 Spezielle Zutaten
- 37 Aufbau Rezepte
- 38 Getränke
- 55 Frühstück
- 73 Snacks und Fingerfood
- 117 Saucen, Dips und Chutneys
- 137 Suppen
- 154 Salate
- 191 Tofu, Seitan, Quorn, Tempeh und Paneer
- 220 Gemüse
- 245 Getreide, Getreidealternativen, Reis und Hülsenfrüchte
- 269 Pasta
- 294 Grill
- 309 Gebäck
- 341 Desserts

Porträts

- 50 Nils
- 62 Joël
- 90 Zoja
- 126 Mohammed
- 176 Yanis
- 230 Melissa
- 256 Gian-Marco
- 276 Nicolas
- 316 Marsola
- 332 Shania
- 362 Aylin

Infos

Vegetarische Ernährung

Vegetarisch leben heisst bewusst leben. Sich vegetarisch zu ernähren, bedeutet, teilweise oder ganz auf tierische Nahrungsmittel zu verzichten. Bei der veganen Ernährung werden tierische Nahrungsmittel ganz ausgeschlossen. Immer mehr Menschen verpflegen sich aus ganz unterschiedlichen Gründen vegetarisch oder vegan. Laut einer repräsentativen Umfrage (Swissveg) ernährten sich in der Schweiz 2017 bereits elf Prozent der erwachsenen Bevölkerung vegetarisch und drei Prozent vegan. Hinzu kommen 17 Prozent Flexitarierinnen und Flexitarier. Dies sind Personen, die sich hauptsächlich vegetarisch verpflegen. Pflanzliche Produkte wie Getreide, Kartoffeln, Hülsenfrüchte, Gemüse, Salate, Früchte, Nüsse, Kerne und Samen bieten einen gesunden, vielfältigen und abwechslungsreichen Genuss.

Vegetarische Ernährungsformen

«Nichts wird die Chance für ein Überleben auf der Erde so steigern wie der Schritt zu einer vegetarischen Ernährung.»
Albert Einstein, deutscher Physiker, Nobelpreis 1921

Es gibt verschiedene Formen der vegetarischen Ernährung, die unterschiedliche tierische Nahrungsquellen ausschliessen (vgl. Abb. Seite 9). Die Motive für die vegetarische oder die vegane Ernährungsform sind vielfältig, und nicht selten spielen mehrere Gründe zusammen. Häufig ist der Entscheid in ethischen, religiösen, ökologischen, sozioökonomischen und/oder gesundheitlichen Überlegungen begründet.

Aspekte der Nachhaltigkeit zählen zu den Hauptbeweggründen für eine vegetarische Ernährungsweise. Die Produktion und der Konsum von Fleisch und Fisch haben weltweit schwerwiegende ökologische, soziale und ökonomische Folgen. Die Zusammenhänge und Wechselwirkungen sind komplex. Zu den zentralen Problemen gehören u. a. die Abholzung von Regenwald, die Treibhausgasemissionen, der Verbrauch von Ackerfläche und Wasser, die Überfischung der Weltmeere und Seen sowie die hohen volkswirtschaftlichen Kosten.

Labels

Eine Orientierungshilfe für Konsumentinnen und Konsumenten zur Erkennung vegetarischer und veganer Produkte bieten Labels. Das europaweit meistverbreitete Label für vegetarische und vegane Produkte ist das «V-Label». Es deklariert alle Arten von vegetarischen Produkten, wobei unter dem Label jeweils in Textform die vegetarische Kategorie präzisiert wird. Produkte ohne entsprechende Hinweise können für Vegetarierinnen und Vegetarier ebenfalls geeignet sein. Aufschluss darüber gibt die Zutatenliste.

Formen der vegetarischen Ernährung

Nahrungsmittel, die gegessen / nicht gegessen werden					
Pflanzliche Nahrung	Fleisch	Fisch	Eier	Milchprodukte	Honig

ovo-lacto-vegetarisch

✓	✗	✗	✓	✓	✓

ovo-vegetarisch

✓	✗	✗	✓	✗	✓

lacto-vegetarisch

✓	✗	✗	✗	✓	✓

vegan

✓	✗	✗	✗	✗	✗

Tipps für eine nachhaltige Ernährung

Wir können durch unsere Konsumentscheidungen indirekt Einfluss auf die weltweiten Lebens- und Umweltbedingungen nehmen. Aus ökologischer, sozialer und ökonomischer Sicht ist die Berücksichtigung folgender Nahrungsmittel und Verhaltensgrundsätze besonders empfehlenswert:

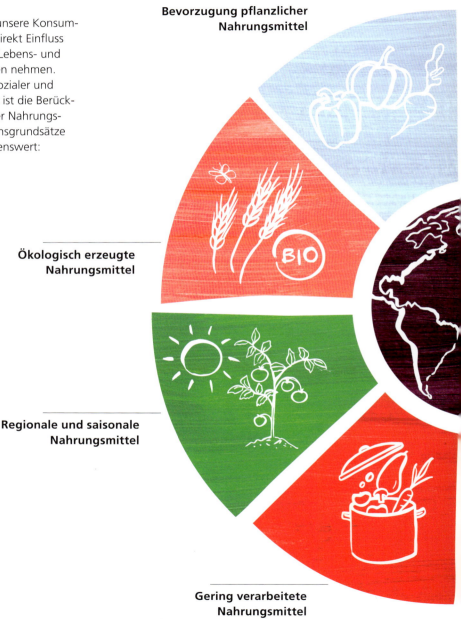

Bevorzugung pflanzlicher Nahrungsmittel

Ökologisch erzeugte Nahrungsmittel

Regionale und saisonale Nahrungsmittel

Gering verarbeitete Nahrungsmittel

Vegetarische Ernährung und Gesundheit

«Mit der Natur leben heisst einfach leben.»
Ambrosius Hiltl

Die verschiedenen Ausprägungsformen der vegetarischen Ernährung verunmöglichen eine allgemeine Aussage zu ihrem gesundheitlichen Wert. Vielmehr ist eine differenzierte Betrachtungsweise erforderlich. Während sich die Diskussion der gesundheitlichen Beurteilung früher oft um das Risiko eines Nährstoffmangels drehte, werden heute zunehmend auch gesundheitliche Vorteile hervorgehoben.

Ovo-lacto-vegetarische Ernährung

Heute gilt als wissenschaftlich gesichert, dass die ovo-lacto-vegetarische Ernährung für gesunde Menschen in jedem Alter langfristig sinnvoll ist. Auch mit pflanzlichen Nahrungsmitteln sowie Eiern, Milch und Milchprodukten lässt sich der Nährstoffbedarf decken. Wie bei allen Ernährungsformen ist bedeutsam, Nahrungsmittel ausgewogen zu kombinieren und innerhalb der Nahrungsmittelgruppen auf Abwechslung zu achten.

Es gibt klare Belege dafür, dass eine ovo-lacto-vegetarische Ernährung mit zahlreichen positiven Effekten verbunden ist. Im Vergleich zu Nichtvegetarierinnen und -vegetariern haben Ovo-lacto-Vegetarierinnen und -Vegetarier seltener Übergewicht, weniger häufig hohen Blutdruck, bessere Blutcholesterinwerte sowie ein geringeres Risiko für Diabetes mellitus Typ 2, Krebs und Herz-Kreislauf-Erkrankungen. Allerdings ist davon auszugehen, dass diese gesundheitlichen Vorteile nicht nur eine Folge der Ernährung sind, sondern auch Ausdruck eines allgemein gesünderen Lebensstils.

Vegane Ernährung

Durch eine gut geplante und ausgewogene Ernährung und das nötige Ernährungswissen lässt sich der Bedarf an Proteinen, Mineralstoffen sowie Vitaminen grundsätzlich auch über eine rein pflanzliche Ernährung abdecken. Einzig die Versorgung mit Vitamin B_{12} und Vitamin D ist eine Herausforderung, da diese insbesondere in tierischen Lebensmitteln vorkommen.

Bei einer veganen Ernährung kann der Bedarf an Vitamin B_{12} beispielsweise mit Shiitakepilzen, Sauerkraut und Weizengrassaft oder mit angereicherten Nahrungsmitteln wie Cornflakes, Müsli, Riegeln und zusätzlich mit Fruchtsäften abgedeckt werden.

Unabhängig davon, nach welcher Ernährungsform sich jemand ernährt, geht es grundsätzlich immer darum, nährstoffreiche und energiearme Lebensmittel abwechslungsreich auszuwählen und in ausgewogenen Mengen zu kombinieren.

Alternative Lebensmittelquellen für die kritischen Nährstoffe

Nährstoff	vegetarisch	vegan
Eiweiss (Protein)	Eier, Milch, Käse, Quorn	Getreide, Kartoffeln, Hülsenfrüchte, Tofu, Seitan, Tempeh, Nüsse
Vitamin B_{12}	Milchprodukte, Eier	angereicherte Lebensmittel (z. B. angereicherte Bierhefe)
Vitamin D	Eier, Butter, angereicherte Margarine, Rahm	Pilze, vegane Margarine
Kalzium	Milch und Milchprodukte	Brokkoli, Spinat, Grünkohl, kalziumreiche Mineralwasser, Nüsse und Samen, Mandeln, Sesam, angereicherte Soja-, Hafer- und Reisdrinks
Zink	Käse, Eier	Vollkorngetreide, Gemüse, Nüsse, Samen
Eisen	Hülsenfrüchte, Nüsse, Samen, Vollkorngetreide, grünes Blattgemüse, Schwarzwurzeln	
Omega-3-Fettsäuren	Leinsamen, Rapsöl, Baumnüsse, Sojaprodukte, Weizenkeime	

(Bieri et al. 2018)

Wichtige Lebensmittel in der vegetarischen Ernährung

Linsen

Bohnen

Kichererbsen

Erbsen

Hülsenfrüchte

Hülsenfrüchte wie Bohnen, Sojabohnen, Erbsen, Kichererbsen, Linsen und Lupinen besitzen den höchsten Proteingehalt aller pflanzlichen Nahrungsmittel (ca. 20–40 %) und stellen deshalb eine wichtige pflanzliche Proteinquelle dar. Die Proteinqualität ist zwar weniger hochwertig als die von tierischem Protein, werden Hülsenfrüchte aber in Kombination mit Getreide gegessen, ist eine optimale Proteinversorgung gewährleistet. Sojabohnen werden im Unterschied zu anderen Hülsenfrüchten nur als Edamame direkt verzehrt und sonst in vielfältiger Weise weiterverarbeitet, beispielsweise zu Sojamilch, Tofu oder Tempeh. Besonders in Asien haben Sojaprodukte eine grosse Bedeutung.

Sojabohnen
Edamame

Kürbiskerne

Amaranth

Buchweizen

Pinienkerne
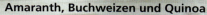

Amaranth, Buchweizen und Quinoa
Amaranth, Buchweizen und Quinoa gehören zu den sogenannten Pseudogetreiden. Dies sind Pflanzensamen, die zwar oft wie Getreide verwendet werden, aber keine echten Getreidesorten darstellen. Für die vegetarische, glutenfreie und vegane Ernährung haben diese Pflanzen gegenüber «richtigem» Getreide den Vorteil, dass ihr Proteingehalt und die Proteinqualität zum Teil höher sind.

Quinoa

Baumnüsse

Haselnüsse

Nüsse, Kerne und Samen
Für Menschen, die sich vegetarisch oder vegan ernähren, sind Nüsse, Kerne und Samen besonders wertvolle Nahrungsmittel. Sie enthalten viele gesundheitsfördernde Inhaltsstoffe wie hochwertige Fettsäuren und Proteine, sekundäre Pflanzenstoffe, Nahrungsfasern und viele verschiedene Vitamine und Mineralstoffe. Gleichzeitig ist der relativ hohe Energiegehalt nicht zu unterschätzen.

Sonnenblumenkerne

Leinsamen

Mandeln

Vegane «Milch» (Pflanzendrinks)
Wer keine Milch konsumieren kann oder will, hat die Möglichkeit, auf Pflanzendrinks aus Getreide, Nüssen und Soja auszuweichen. Diese werden auf der Verpackung meist mit «Drinks» bezeichnet. Der Nährstoffgehalt von Milchalternativen variiert je nach Sorte und Hersteller. Sojadrinks weisen einen annähernd gleich hohen Proteingehalt wie Kuhmilch auf.

Ei-Alternativen
Eier erfüllen in Rezepten ganz unterschiedliche Funktionen. Je nachdem spenden sie Feuchtigkeit, sorgen für eine lockere oder luftige Konsistenz, binden Zutaten oder können den zentralen Bestandteil eines Gerichts ausmachen. Alternativen können z. B. sein: Sojamehl, Kartoffelschnee, Nussmus, Sojamilch plus Maizena, Quark, Bananenmus, geriebener Apfel, eingeweichte Lein- oder Chiasamen, Ei-Ersatzpulver (Vollei, Eigelb, Eiklar). Zum Auflockern kann kohlensäurehaltiges Wasser verwendet werden.

Fleisch- und Käsealternativen
Das Angebot an Produkten, die Käse oder Fleisch in der Konsistenz, im Geschmack oder im Proteingehalt nachahmen, ist stark gewachsen. Solche Produkte können einen Beitrag zur Nährstoffversorgung leisten, aus gesundheitlicher Sicht sind sie je nach Zusammensetzung und Verarbeitungsgrad der Zutaten teilweise kritisch zu beurteilen. Délicorn-Produkte sind: Fleischimitate aus Soja, Weizen oder Hirse. Je nach Produkt werden zudem Eier, Milchbestandteile, Vitamine, Mineralstoffe und Aromen zugesetzt.

Sojagehacktes

Sojagehacktes
Sojagehacktes wird aus Sojamehl hergestellt, das zumeist bei der Sojaölgewinnung abfällt. In einem speziellen Verfahren wird das Mehl aufgepufft (wie Popcorn) und bei Bedarf gewürzt und mit Flüssigkeit versetzt.

Tofu
Tofu ist ein traditionelles asiatisches Sojaprodukt mit vielen Verwendungsmöglichkeiten und hervorragenden Nährstoffen. Ähnlich wie bei der Käseherstellung wird das Eiweiss aus der (Soja-)Milch mithilfe eines Gerinnungsmittels abgetrennt, abgeschöpft und in Formen gepresst. Ob ein Tofu fest oder weich ist, hängt davon ab, wie stark die Tofublöcke gepresst werden. Für weichen Seidentofu wird die Sojamilch direkt in der Verkaufsverpackung zum Gerinnen gebracht und nicht gepresst. Okara ist der Sojapresskuchen, der beim Auspressen der Sojamilch übrig bleibt.

Tempeh
Tempeh ist ein Fermentationsprodukt, das durch die Zugabe von Edel-Schimmelpilzen zu gekochten Sojabohnen entsteht. Das Verfahren ähnelt der Herstellung von Brie, Camembert oder Gorgonzola.

Quorn
Quorn ist der Handelsname für ein proteinreiches Nahrungsmittel aus fermentiertem Edel-Schimmelpilz. Es wird in verschiedenen Zubereitungen (z. B. paniert) und Formen angeboten, die an entsprechende Fleischgerichte erinnern (Wurstform, steakartig, geschnetzelt). Beim patentierten Herstellungsverfahren wird die spezielle Pilzkultur in einer Traubenzucker-Mineralstoff-Lösung bei 28 °C gezüchtet und anschliessend mit Hühnerei abgebunden, gewürzt, erhitzt und geformt.

Seitan
Seitan ist ein Produkt aus Gluten (Weizeneiweiss) mit fleischähnlicher Konsistenz. Es ist für Personen mit Zöliakie (Glutenunverträglichkeit) ungeeignet. Zur Herstellung wird Weizenmehl mit Wasser zu einem Teig verknetet und dieser nach einer Ruhezeit wiederholt unter Kneten im fliessenden Wasser ausgewaschen (Stärke wird herausgelöst), bis eine zähe, eiweissreiche Masse (Seitan) zurückbleibt, die dann gewürzt und gekocht wird.

Tempeh

Seitan

Tofu

Ergibt ca. 700 g festen Tofu und 900 g Okara
Zutaten: 500 g getrocknete Sojabohnen, 8 g Nigari

1 Die Sojabohnen in reichlich Wasser über Nacht einweichen. Am nächsten Tag die Sojabohnen abgiessen und in einem Standmixer mit 3 l Wasser pürieren. Die Sojamasse in einen Topf füllen, aufkochen und bei mittlerer Hitze unter ständigem Rühren ca. 20 Minuten köcheln lassen.
Achtung: Bei zu hoher Hitze kann es überkochen. In diesem Fall den Topf kurz vom Herd ziehen.

2 Ein Sieb über eine grosse, tiefe Edelstahlschüssel hängen (diese dient zum Auffangen der Sojamilch). Das Passiertuch anfeuchten und das Sieb damit auslegen. Die Sojamasse noch heiss nach und nach in das Passiertuch giessen.

3 Das Passiertuch aus dem Sieb nehmen, zusammendrehen (Vorsicht: heiss) und die Sojamilch auspressen. Das zugedrehte Passiertuch zurück in das Sieb setzen und zusätzlich mit einem Kochlöffel ausdrücken, bis möglichst alle Sojamilch ausgetreten ist. Den Pressrückstand (Okara) anderweitig verwenden, z. B. für Vegi-Köttbullar (Seite 212), Vegi-Hackbraten (Seite 214) oder Vegi-Burger (Seite 298).

4 Nigari in 2,5 dl Wasser auflösen. Die Sojamilch kurz erhitzen, dann von der Hitze nehmen und ca. einen Viertel des Nigari-Wassers unter kräftigem Rühren in die Sojamilch giessen. Das übrige Nigari-Wasser vorsichtig an der Oberfläche der Sojamilch einrühren und alles 8–10 Minuten stehen lassen. Erneut ein Sieb über eine grosse, tiefe Edelstahlschüssel hängen (diese dient zum Auffangen der Sojamolke). Das Passiertuch anfeuchten und das Sieb damit auslegen.

5 Die geronnene Sojamilch vorsichtig in das Passiertuch giessen und dieses über der Tofumasse zusammenfalten. Mit einem Topfdeckel abdecken und mit einem Gewicht von 2 kg (z. B. Konservendose, gefüllter Kochtopf) beschweren, dann 10–15 Minuten stehen lassen. Die aufgefangene Sojamolke anderweitig verwenden, z. B. als Zutat in Suppen, Smoothies oder Säften.

6 Eine grosse Schüssel mit eiskaltem Wasser füllen. Den Tofu aus dem Passiertuch nehmen und in das kalte Wasser einlegen. Er kann sofort verwendet werden.

Tipp

Wer den Tofu nicht gleich verwenden möchte, kann ihn in einer Schüssel mit Wasser bedeckt im Kühlschrank bis zu drei Tage lang aufbewahren. Eine Marinade gibt dem Tofu den entscheidenden Geschmack.

Seitan

Ergibt 400 g Seitan
Zutaten: 1 kg Weissmehl, ½ TL Salz, 1 TL Bouillonpulver, 1 TL Szechuanpfeffer, 2 EL Sesamöl

1 Am Vortag das Mehl in eine Schüssel geben, nach und nach 6 dl lauwarmes Wasser hinzufügen und alles mit den Händen zu einem glatten Teig verkneten. Diesen zu einer Kugel formen und zugedeckt 30 Minuten bei Raumtemperatur stehen lassen.
Mit einem Finger eine Mulde in den Teig drücken. Wenn sie von alleine wieder verschwindet, hat der Teig lang genug geruht – ansonsten nochmals 15–30 Minuten zugedeckt ruhen lassen. Wie lange der Teig ruhen muss, kommt auf die Raumtemperatur an.

2 Ca. 5 dl lauwarmes Wasser in die Schüssel zum Teig geben und ihn vorsichtig mit der einen Hand im Wasser kneten, indem man ihn immer wieder gegen die Schüsselwand und den Schüsselboden drückt. Beim Kneten unbedingt darauf achten, dass der Teig seine Form behält und nicht auseinanderfällt. Dafür den Teig mit der anderen Hand zusammenhalten.
Das Wasser nimmt beim Kneten eine milchige Farbe an, da sich die Stärke aus dem Mehl löst.

3 Wenn das Wasser milchig ist, dieses abgiessen und erneut 5 dl frisches, lauwarmes Wasser in die Schüssel füllen und mit dem Kneten fortfahren. Diesen Vorgang so lange wiederholen, bis das Wasser klar bleibt und alle Stärke ausgewaschen ist (15–20 Minuten). Der Teig hat nun eine elastische, schwammige Konsistenz.
Den Teig vollständig mit Wasser überdeckt über Nacht im Kühlschrank ruhen lassen. Am nächsten Tag das Wasser abgiessen und – falls das Wasser trüb gewesen ist – das Seitan kurz unter lauwarmem Wasser abspülen.

4 In einer Schüssel das Salz mit dem Bouillonpulver, dem Szechuanpfeffer und dem Sesamöl verrühren (Marinade). Den Teig in zwei Hälften teilen, beide zu einer Rolle formen und in der Marinade wenden. Dann beide Rollen in Alufolie oder kochfeste Klarsichtfolie einwickeln und im kochenden Wasser 15–20 Minuten ziehen lassen.

5 Gegen Ende der Garzeit die Seitanrollen aus dem Wasser heben und als Test kurz mit dem Finger eindrücken. Wenn die eingedrückte Mulde wieder verschwindet, hat das Seitan die richtige Konsistenz, ansonsten noch etwas weiterköcheln lassen (aber nicht zu hart werden lassen).

6 Die Seitanrollen aus der Folie wickeln, in dünne Scheiben schneiden und nach Belieben weiterverwenden. Sie schmecken sehr gut gebraten in Wokgerichten sowie paniert mit Chutneys und Dips oder auch in Saucengerichten wie Panaeng-Curry (Seite 199) oder veganem Züri Geschnetzeltem (Seite 206).

Tipp

Die gekochten Seitanrollen bleiben in Folie eingewickelt im Kühlschrank 2–3 Tage frisch. Ebenso können sie problemlos eingefroren werden, sodass man immer Seitan auf Vorrat hat.

Allergien und Unverträglichkeiten

> **«Deine Nahrungs-mittel seien deine Heilmittel.»**
> Hippokrates, griechischer Arzt, 460–370 v. Chr.

Eine Nahrungsmittelallergie beruht auf einer immunologisch bedingten Abwehrreaktion des Körpers. Somit kann man grundsätzlich auf alle Nahrungsmittel allergisch reagieren. Oft lösen schon die kleinsten Mengen des entsprechenden Nahrungsmittels eine Reaktion aus. Eine häufige und zugleich harmlose Reaktion ist das orale Allergiesyndrom (Juckreiz an Lippen und Hals, pelziges Gefühl in Mund und Gaumen). Weitere Beschwerden können Schwellungen von Lippen, Zunge, Wangen- und Rachenschleimhaut sein (gefährlich, wenn auch die Luftröhre zuschwillt). Erbrechen, Magen- oder Bauchkrämpfe, Durchfall, Hautausschläge, Asthmaanfall, Atemnot u.v.m. können ebenfalls allergische Symptome sein. Betroffen sind rund zwei bis sechs Prozent aller Kleinkinder und etwa zwei bis vier Prozent der erwachsenen Bevölkerung.

Im Gegensatz zu einer Allergie reagiert bei einer Lebensmittelunverträglichkeit nicht das Immunsystem, sondern meist nur der Verdauungstrakt. Es können Symptome wie Durchfall, Bauchschmerzen und Verstopfung und in seltenen Fällen allergieähnliche Symptome wie Hitzewallungen, Hautausschläge und Kreislaufbeschwerden auftreten.

Zumeist sind die Unverträglichkeiten unangenehm für die betroffene Person, jedoch nicht lebensgefährlich. Jeder Mensch ist anders, so gibt es alle möglichen Unverträglichkeiten. Die bekanntesten sind Laktoseintoleranz (des Milchzuckers), Histaminintoleranz (des Histamins in Erdbeeren, Käse, Wein, Zitrusfrüchten, Süssigkeiten und Fertigprodukten) und Fruktosemalabsorption (des Fruchtzuckers in Früchten, Gemüse und Süssem).

Laktoseintoleranz

Die Milchzuckerunverträglichkeit wird als die häufigste Nahrungsmittelunverträglichkeit bezeichnet. In Mitteleuropa vertragen ca. 20 Prozent der Menschen keinen Milchzucker, in Asien dagegen nahezu 100 Prozent. Diese Unverträglichkeit beruht auf einem Enzymmangel im Darm, wodurch der Milchzucker nicht verdaut werden kann und dadurch Beschwerden wie Bauchschmerzen, Völlegefühl und Durchfall auslöst. Die Menge an Milchzucker, die vertragen wird, ist sehr individuell. Butter und Hartkäse sind selten ein Problem, da sie nahezu keinen Milchzucker enthalten.

Zöliakie (Glutenunverträglichkeit)

Zöliakie ist eine Unverträglichkeit des Dünndarms gegenüber Gluten (Klebereiweiss im Getreide), das in den Getreidesorten Weizen (inkl. Einkorn, Emmer, Kamut, Couscous und Bulgur), (Ur-)Dinkel, Grünkern, Gerste, Roggen und Hafer enthalten ist. Bereits durch kleine Mengen Gluten wird bei den Betroffenen die Dünndarmschleimhaut geschädigt, was zu einer verminderten Aufnahme von Nährstoffen und damit zu einer Unterversorgung des Körpers und entsprechenden Folgeschäden führen kann. Man geht davon aus, dass ca. eine von 100 Personen betroffen ist. Zöliakie kann in jedem Lebensalter auftreten. Bis jetzt sind keine therapeutischen Möglichkeiten bekannt, um Zöliakie zu heilen. Die Betroffenen können aber beschwerdefrei und gesund leben, solange sie eine glutenfreie Ernährung konsequent einhalten, was bedeutet, dass sie auf alle Nahrungsmittel, die in irgendeiner Form Gluten enthalten, verzichten müssen.

Die Schweizer Lebensmittelgesetzgebung verlangt, dass der Gast bei offen in Verkehr gebrachten Speisen (in Restaurants, Kantinen, Take-aways usw.) mündlich oder schriftlich über Zutaten informiert wird, die Allergien oder andere unerwünschte Reaktionen auslösen können.

Kennzeichnung der Zutaten
In den Rezepten werden folgende Zutaten mittels dargestellter Icons ausgewiesen (Quelle: Hiltl Akademie):

Gemüse und Früchte nach Saison

> «Wir können die Welt mit der Gabel verändern. Dreimal am Tag haben wir die Möglichkeit, eine Stimme abzugeben.»
> Michael Pollan, Professor für Journalismus

In der Schweiz werden rund 100 verschiedene Gemüsearten angebaut. Die breite Palette reicht von der Artischocke bis hin zur Zwiebel.

Es wächst das ganze Jahr über eine grosse Vielfalt an gesundem Gemüse und reichhaltigen Früchten auf Feldern und in Gewächshäusern. Je nach Saison gibt es erntefrisches oder gelagertes Schweizer Gemüse, das in der Küche unterschiedlich verarbeitet werden kann.

Es lohnt sich immer, zu beachten, welche Früchte und Gemüse wann Saison haben. Die Erzeugnisse schmecken im jeweiligen Zeitraum eindeutig am besten, da sie frisch geerntet aus der Nähe kommen. Zudem ist es ökologischer, Produkte aus der Region zu verwenden.

Importierte Gemüse und Früchte werden häufig unreif geerntet, da sie während des Transports nachreifen. Sie können weniger Aroma entwickeln und weniger wertvolle Inhaltsstoffe bilden. Der Transport, insbesondere per Flugzeug, belastet die Umwelt. Wenig umweltfreundlich sind auch Schweizer Gemüse und Früchte, die ausserhalb der Hauptsaison in beheizten Treibhäusern gezogen werden.

Eine Möglichkeit, das ganze Jahr eine Fülle an Gemüse und Früchten geniessen zu können, ist das Einmachen während der Saison. Einmachen ist eine tolle Konservierungsmethode, zusätzlich ist eingekochtes Gemüse sehr gut für die Verdauung.

In den folgenden Saisonkalendern sind die Ernte- und Lagerzeiten von Früchten und Gemüsen angegeben, die in der Schweiz im Freiland oder unter ungeheizten Plastiktunnels gezogen werden.

Saisonkalender Früchte

Monat	Jan	Feb	März	Apr	Mai	Juni	Juli	Aug	Sept	Okt	Nov	Dez
Äpfel	X	X	X	X	X			X	X	X	X	X
Aprikosen							X	X				
Birnen	X	X	X				X	X	X	X	X	X
Brombeeren							X	X	X			
Cassis							X	X				
Erdbeeren						X	X	X				
Feigen								X	X			
Heidelbeeren							X	X	X			
Himbeeren							X	X				
Johannisbeeren							X	X				
Kirschen							X	X				
Kiwi	X	X	X	X	X					X	X	X
Nektarinen							X	X				
Pfirsiche							X	X				
Pflaumen							X	X	X			
Quitten										X	X	
Stachelbeeren							X	X				
Trauben									X	X		
Zwetschgen								X	X			

(WWF Schweiz, verändert)

Saisonkalender Gemüse

Monat	Jan	Feb	März	Apr	Mai	Juni	Juli	Aug	Sept	Okt	Nov	Dez
Auberginen						■	■	■	■			
Batavia					■	■	■	■	■	■	■	
Blumenkohl						■	■	■	■	■		
Bohnen							■	■	■			
Brokkoli						■	■	■	■	■		
Brunnenkresse				■	■	■		■	■	■		
Chicorée	■	■	■	■							■	■
Chinakohl	■	■	■	■	■				■	■	■	■
Cicorino rosso/Trevisano	■	■	■	■	■				■	■	■	■
Cima di rapa				■	■	■			■	■		
Eichblattsalat					■	■	■	■	■	■	■	
Eisbergsalat					■	■	■	■	■	■		
Endivien							■	■		■	■	
Erbsen						■	■					
Federkohl	■	■	■								■	■
Fenchel					■	■	■	■	■	■		
Frühkartoffeln						■	■	■				
Gurken					■	■	■	■	■	■		
Kabis rot	■	■	■	■	■	■		■	■	■	■	■
Kabis weiss	■	■	■	■	■	■		■	■	■	■	■
Kartoffeln	■	■	■	■	■	■	■	■	■	■	■	■
Kefen						■	■					
Knoblauch	■	■	■					■	■	■	■	■
Knollensellerie	■	■	■	■	■	■		■	■	■	■	■
Kohlrabi					■	■	■	■	■	■	■	
Kopfsalat					■	■	■	■	■	■	■	
Krautstiel					■	■	■	■	■	■	■	
Kresse				■	■	■	■	■	■	■	■	
Kürbis	■	■						■	■	■	■	■

Saisontabelle Gemüse

Monat	Jan	Feb	März	Apr	Mai	Juni	Juli	Aug	Sept	Okt	Nov	Dez
Lattich					▓	▓	▓	▓	▓	▓		
Lauch	░	░	░	░	░	░	░	░	░	░	░	░
Lollo				░	░	░	░	░	░	░	░	
Mais (Zuckermais)								░	░	░		
Nüsslisalat	▓	▓	▓	▓					▓	▓	▓	▓
Pak Choi					░	░	░	░	░			
Pastinaken	▓	▓	▓	▓						▓	▓	▓
Peperoni							░	░	░	░		
Petersilienwurzel	▓	▓	▓	▓					▓	▓	▓	▓
Portulak				░	░	░	░	░	░	░		
Radieschen				▓	▓	▓	▓	▓	▓	▓		
Randen	░	░	░	░	░	░	░	░	░	░	░	░
Rettich					▓	▓	▓	▓	▓	▓	▓	
Rhabarber				░	░	░						
Romanesco						▓	▓	▓	▓	▓	▓	
Rosenkohl	░	░	░	░						░	░	░
Rüebli	░	░	░	░	░	░	░	░	░	░	░	░
Rucola					░	░	░	░	░	░		
Schnittmangold						▓	▓	▓	▓	▓		
Schwarzwurzel	░	░	░	░						░	░	░
Spargel				▓	▓	▓						
Spinat			░	░	░	░			░	░	░	
Stangensellerie							▓	▓	▓	▓	░	░
Tomaten							▓	▓	▓	▓	░	
Topinambur	▓	▓	▓	▓						▓	▓	▓
Wirz	░	░	░	░			░	░	░	░	░	░
Zucchetti						▓	▓	▓	▓	▓		
Zuckerhut	░	░							░	░	░	░
Zwiebeln	░	░	░	░	░	░	░	░	░	░	░	░

(WWF Schweiz, verändert)

Literatur

Bieri, A., et al. (2018). Vegetarische und vegane Ernährung von Kindern und Jugendlichen. medicalforum.ch

Bollhöfer, M. (2012). Vegetarismus (Teil 1). Ernährungs Umschau, 59(3), B9–B12. ernaehrungs-umschau.de

Bundesamt für Lebensmittelsicherheit und Veterinärwesen (BLV) (2018). Vegetarische und vegane Ernährung. blv.admin.ch

Eberle, U. (2012). Profit auf Kosten der Umwelt. In F.A. Brockhaus/wissenmedia in der inmediaONE] GmbH, Not für die Welt. Ernährung im Zeitalter der Globalisierung (S. 96–129). Gütersloh: F.A. Brockhaus.

Hiltl (2019). Vegetarisches und veganes Fachwissen. Zürich: Hiltl AG.

Kofrányi, E., & Wirths, W. (2013). Einführung in die Ernährungslehre (13., akt. Aufl.). Neustadt an der Weinstrasse: Neuer Umschau Buchverlag.

Pusch – Praktischer Umweltschutz (2017). Glossar. labelinfo.ch

Richter, M., Boeing, H., Grünewald-Funk, D., Heseker, H., Kroke, A., Leschik-Bonnet, E., Oberritter, H., Strohm, D., & Watzl, B. (2016). Vegane Ernährung – Position der Deutschen Gesellschaft für Ernährung e. V. (DGE). Ernährungs Umschau, 63(4), 92–102. ernaehrungs-umschau.de

Rimbach, G., Nagursky, J., & Erbersdobler, H. F. (2015). Lebensmittel-Warenkunde für Einsteiger (2. Aufl.). Berlin: Springer Spektrum.

Schweizerische Gesellschaft für Ernährung (SGE) (2013). Vegetarische Ernährung. sge-ssn.ch

Schweizer Milchproduzenten [SMP] (2016). Milchersatz ist kein wirklicher Ersatz.

Swissveg (2017). Veg-Umfrage 2017.

Swissveg (2018). Wie viele Vegetarier gibt es? swissveg.ch

von Koerber, K. (2014). Fünf Dimensionen der Nachhaltigen Ernährung und weiterentwickelte Grundsätze – ein Update. Ernährung im Fokus, 15(9–10), 260–268. nachhaltigeernaehrung.de

Rezepte

Rezeptverzeichnis

Weitere Verzeichnisse unter www.greentopf.ch

38 Getränke
40 Herbst-Saft
40 Tuttifrutti-Saft
41 Green Smoothie
41 Golden Smoothie
42 Orangen-Eistee
42 Rooibos-Eistee
44 Zitronengras-Ingwer-Mojito
44 Erdbeer-Basilikum-Caipirinha
46 Passionsfrucht-Limonade
46 Himbeer-Lime-Limonade
48 Masala Chai
48 Heisse Schoggi
53 Mango-Lassi
53 Bananen-Schoggi-Milchshake
54 Himbeer-Milchshake
54 Breakfast Smoothie

55 Frühstück
57 Birchermüesli
58 Chia-Müesli
59 Porridge
60 Pancakes
64 Rösti
66 Granola-Riegel
68 Schoggigipfeli
71 Cranberry-Granola
72 Himbeerquark
72 Erdbeer-Bananen-Joghurt

73 Snacks und Fingerfood
74 Panko-Sticks
76 Crispy Tofu
78 Dattel-Brie-Crostini
80 Kartoffel-Halloumi-Plätzchen
82 Gemüse-Chips
82 Gewürz-Nüssli
84 Kartoffel-Wedges
84 Süsskartoffel-Fries
86 Vegane Schinkengipfeli
88 Flammkuchen
93 Pizza Margherita
94 Pide
95 Vegi-Schnitzelbrot
97 Club-Sandwich
98 Tandoori-Sandwich
99 Onion Rings
100 Kebab
103 Randen-Cutlets
104 Pakoras
105 Samosas
106 Dushin Rothli
107 Falafel
109 Quiche Lorraine
111 Sushi-Reis
112 Uramaki
114 Vietnamesische Glücksrollen
116 Hosomaki

117 Saucen, Dips und Chutneys
118 Grüne Thai-Currypaste
118 Rote Thai-Currypaste
120 Favabohnen-Mus
121 Currysauce
122 Sweet-Chili-Sauce
123 Ingwer-Raita
123 Mango-Apfel-Chutney
124 Dattel-Chutney
125 Kokos-Chutney
129 Baba Ganoush
130 Auberginen-Minze-Creme
131 Hummus
132 Glücksrollen-Dip
133 Cocktailsauce
134 Tomatensauce
135 Balsamico-Sauce
136 Vegane Mayonnaise
136 Vegane Kräutermargarine

137 Suppen
139 Kürbis-Kokos-Suppe
140 Curry-Bananen-Suppe

Rezeptverzeichnis

141 Tom-Kha-Suppe
142 Tomaten-Orangen-Suppe
144 Harira-Suppe
145 Safran-Suppe
146 Marroni-Linsen-Suppe
147 Bündner Gerstensuppe
149 Gazpacho
151 Minestrone
153 Gemüsebouillon

154 Salate
156 Joghurt-Kräuter-Dressing
156 Italienisches Dressing
157 Birnel-Senf-Dressing
157 Erdnuss-Dressing
159 Chicorée-Marroni-Salat
160 Kürbis-Apfel-Salat
161 Tofu-Ceviche
162 Edamame-Salat
165 Indonesia-Salat
166 Vegi-Chicken-Salat
167 Grüner Quinoa-Salat
168 Apfel-Linsen-Salat
171 Taboulé
172 Kichererbsen-Harissa-Salat
173 Tomaten-Granatapfel-Salat
174 Caesar Salad
178 Spargel-Mango-Salat
179 Blumenkohl-Cranberry-Salat
180 Federkohl-Apfel-Salat
183 Kartoffelsalat
184 Vegi-Wurst-Käse-Salat
185 Nüsslisalat
187 Orecchiette-Rucola-Salat
188 Reissalat
189 Thai-Gurkensalat
190 Cole Slaw

191 Tofu, Seitan, Quorn, Tempeh und Paneer
193 Tofu Sweet and Sour
194 Tofu Tikka Masala
195 Casimir
196 Nasi Goreng
199 Panaeng-Curry
200 Rotes Thai-Curry
201 Grünes Thai-Curry
203 Palak Paneer
204 Matar Paneer
205 Paprika-Geschnetzeltes
206 Veganes Züri-Geschnetzeltes
208 Vegi-Tatar
210 Chili sin Carne
212 Vegi-Köttbullar
214 Vegi-Hackbraten
216 Vegi-Cordon-bleu
218 Shepherd's Pie

220 Gemüse
222 Malaysia Rendang
223 Thai-Massaman-Curry
225 Südindisches Avial
226 Indisches Jalfrezi
227 Latkes
228 Shakshuka
232 Ofengemüse
234 Gemüse-Piccata
235 Kartoffelgratin
236 Pilz-Stroganoff
238 Zucchetti-Schnitzel
240 Kartoffelstock
243 Peperoni-Apfel-Gulasch
244 Spargelfrikassee

245 Getreide, Getreidealternativen, Reis und Hülsenfrüchte
247 Bunny Chow
248 Papaya-Süsskartoffel-Curry

249	Dal	**309**	**Gebäck**
251	Couscous	311	Knäckebrot
252	Marrakesch-Gemüse	312	Veganer Zopf
253	Kabuli Pilaf	313	Blitz-Brötchen
254	Mais-Lauch-Plätzchen	314	Fladenbrot
258	Polenta	315	Früchte-Nussbrot
260	Gemüse-Paella	318	Vollkorn-Brioche
262	Risotto	319	Blackies
264	Linsen-Eintopf	321	Brownies
267	Fried Rice	322	Blondies
268	Ananas-Cashew-Reis	323	Schoggikuchen
		324	Zitronen-Cheesecake
269	**Pasta**	327	Chia-Beeren-Muffins
271	Spaghetti Carbonara	328	Nussschnitte
272	Grünes Pesto	329	Gewürz-Schoggikuchen
272	Veganes grünes Pesto	330	Apfelkuchen
273	Safrannudeln	335	Vegan Cookies
274	Penne Siciliana	336	Chai-Cookies
278	Lasagne	337	Rüeblicake
280	Gnocchi	338	Zitronencake
283	Veganes Gehacktes mit Hörnli	340	Banana Bread
284	Älpler Maccaroni		
285	Dinkel-Spätzli	**341**	**Desserts**
287	Pad Thai	343	Schoggimousse
288	Citrus Noodles	344	Mangomousse
289	Südindische Kokosnudeln	345	Soja-Schoggimousse
290	Teriyaki Udon Noodles	346	Vegane Pannacotta
292	Zucchetti-Spaghetti	349	Blitz-Mangoglace
		350	Granatapfel-Granité
294	**Grill**	351	Erdbeer-Rhabarber-Kompott
296	Gemüse-Spiesse	352	Tiramisu
297	Paneer-Spiesse	354	Beeren-Seidentofu
298	Vegi-Burger	355	Apfelmus
301	Satay-Spiesse	357	Bread and Butter Pudding
301	Satay-Sauce	358	Heidelbeer-Haselnuss-Crumble
302	Teriyaki-Tofu-Spiesse	359	Sticky Rice
303	Teriyaki-Pilze	360	Brombeer-Milchreis
305	Sesam-Ingwer-Gemüse	360	Chia-Kokos-Pudding
307	Zitronengras-Tempeh	365	Baklava
308	Tod Man	366	Exotische Frühlingsrollen

33

Spezielle Zutaten

Five Spice
Eine in Südchina und Vietnam verbreitete Gewürzmischung, die aus Sternanis, Fenchelsamen, Szechuanpfeffer, Zimt und Gewürznelken besteht. Neben diesen fünf Gewürzen kann auch Kardamom, Süssholzwurzel oder Ingwer enthalten sein.

Birnel
Das auch als Birnendicksaft oder Birnenhonig bezeichnete fruchtige Schweizer Süssungsmittel wird hergestellt, indem Birnensaft sirupartig einreduziert wird.

Tamarindenpaste
Diese süss bis säuerlich schmeckende Gewürzpaste wird aus den Früchten des Tamarindenbaumes gewonnen. Sie findet in der indischen, der thailändischen, der indonesischen und der afrikanischen Küche Verwendung.

Noriblatt
Die aus Japan und Korea stammende Rotalge ist traditioneller Bestandteil von Sushi. Für die Herstellung der handlichen Noriblätter werden frische Algen zerkleinert, gewaschen, zu Matten geformt und getrocknet.

Zahtar
Diese aus Nordafrika, der Türkei und Jordanien stammende Gewürzmischung besteht aus Sesam, Sumach und wildem, getrocknetem Thymian.

Agar-Agar
Ein pflanzliches Geliermittel, das aus Rotalgen hergestellt wird. Für die optimale Gelierfähigkeit ist es wichtig, Agar-Agar mindestens zwei Minuten zu kochen.

Tandoori Masala
Eine traditionelle indische Gewürzmischung bestehend aus Cayennepfeffer, Kreuzkümmel, Knoblauch, Ingwer, Kardamom, Nelken, Muskat und Koriander. Die Mischung wird mit Sandelholzpulver und Zimt verfeinert. Das einmalige, intensive Aroma ist das typische Kennzeichen dieser Zusammensetzung.

Asafoetida/Asant
Dieses persische Gewürz (auch Hing, Ferula oder Teufelsdreck genannt) zeichnet sich durch sein intensives, an Knoblauch erinnerndes Aroma aus. Wörtlich übersetzt bedeutet es «stinkendes Harz» (asa = persisch Harz; foetida = lateinisch stinkend), wobei der scheflige Geruch beim Erhitzen verschwindet.

Galgant
Die zu der Familie der Ingwergewächse gehörende Galgantwurzel zeichnet sich durch aromatischen, leicht bitter-scharf-brennenden Zitronengeschmack aus. Galgant ist ein wichtiger Bestandteil der klassischen Thai-Currypaste.

Granatapfel-Melasse
Für dieses orientalische Säuerungsmittel wird Granatapfelsaft stark einreduziert, bis ein aromatisches Konzentrat mit kräftiger Farbe entsteht. Es verleiht den Gerichten eine leicht süsslich-fruchtige Säure.

Choi Sum
Dieses in der asiatischen Küche weitverbreitete grüne Blattgemüse zeichnet sich durch seine knackige Konsistenz und den leicht scharfen Geschmack aus.

Jaffna-Curry
Diese indische Gewürzmischung besteht aus Kreuzkümmel, Fenchelsamen, Bockshornklee, Koriander, Zimt, Kardamom, Nelken, Chili und Curryblättern. Sie verleiht den Gerichten eine würzige Schärfe.

Garam Masala
Die am häufigsten benutzte Gewürzmischung in Nordindien. Garam Masala bedeutet frei übersetzt «heisses/scharfes Gewürz». Die duftende Mischung enthält vor allem Zimt, Gewürznelken, schwarzen Pfeffer und Kardamom. Je nach Herkunft können noch Muskat, Macis und Safran oder Kreuzkümmel und Koriander hinzukommen.

Stir-Fry-Sauce
Reisessig, Gemüsebouillon, Stärke und Sojasauce bilden die Basis jeder Stir-Fry-Sauce. Verfeinert werden die Saucen mit Orangen- oder Zitronensaft, Zucker, Zwiebeln oder Chiliflocken. Die Sauce hat diverse Eigenschaften, die sie zu der idealen Würzsauce für Pfannengerichte machen, und wird daher sehr häufig bei asiatischen Wokgerichten eingesetzt.

Piment
Piment ist noch unter vielen anderen Namen bekannt: Nelkenpfeffer, Gewürzkörner, Neugewürz, Allgewürz, Englisch-Gewürz, Jamaikapfeffer. Es riecht etwas nach Pfeffer, Gewürznelken, Muskat und Zimt.

Marinade
Eine würzige Sauce, die man zum Einlegen von Lebensmitteln nutzt. Durch das Einlegen dringen die Gewürze und Aromen tief in das Lebensmittel ein und geben ihm einen kräftigen Geschmack.

Zesten
Dünne, fadenartige Streifen aus der Schale von Zitrusfrüchten

Röstzwiebeln
Geröstete oder frittierte Zwiebelringe, die vorher kurz eingemehlt werden. Werden häufig als Garnitur bei Spätzli oder Älpler Maccaroni verwendet.

Mungobohnensprossen
Diese werden aus der Mungobohne gezogen und sind überaus nahrhaft. Sehr beliebt sind die gut verdaulichen Sprossen in Südostasien und Indien in warmen Gerichten. Immer häufiger werden auch die rohen Sprossen in Salaten oder als Garnitur genutzt.

Margarine
Als pflanzliche Streichfett-Alternative kann Margarine 1:1 durch Butter ersetzt werden.

Vegane Mayonnaise
Diese wird aus rein pflanzlichen Zutaten hergestellt und kann durch Reismayonnaise oder normale Mayonnaise 1:1 ersetzt werden.

Vegane Saucencreme
Gibt es aus unterschiedlichen Grundzutaten wie Soja, Mandeln oder Erbsen. Die Saucencreme kann 1:1 durch Vollrahm ersetzt werden.

Spezielle Zutaten

Madras-Curry
Das Madras-Curry verleiht Gerichten eine fruchtige und scharfe Note und passt hervorragend zu Gemüsegerichten. Es kann in den Rezepten 1:1 durch normales Curry ersetzt werden. Die Zusammensetzung des Currypulvers kann sehr stark variieren. Meistens besteht es aus über zehn unterschiedlichen Gewürzen. Typisch ist vor allem Kurkuma, die der Currymischung die typische gelbe Farbe gibt. Häufig werden Koriander, Kreuzkümmel, schwarzer Pfeffer und Bockshornklee dazugegeben, und im Madras-Curry-Pulver ist der Chilipulver-Anteil oft sehr hoch.

Sambal Oelek
Eine indonesische Chilisauce, die hauptsächlich aus roten Chilis besteht. Die Sauce wird mit Essig und Salz verfeinert und häufig mit Zwiebeln oder Knoblauch abgerundet.

Sojadrink
Ein aus Sojabohnen hergestelltes Getränk, das in den Rezepten 1:1 durch Kuhmilch ersetzt werden kann.

Kaffir-Limetten-Blätter
Die Blätter vom Kaffir-Limetten-Baum werden hauptsächlich in der südostasiatischen Küche eingesetzt und verleihen den Gerichten ein frisches, zitroniges Aroma.

Misopaste
Die Paste wird hauptsächlich aus Sojabohnen hergestellt. Die Bohnen werden gekocht und zerkleinert. Durch einen komplexen Fermentationsprozess entsteht das typische Aroma der Paste. Die Misopaste ist die Basis für ein japanisches Nationalgericht – die Misosuppe – und ein fester Bestandteil in vielen japanischen Gerichten.

Öle
Wenn in den Rezepten «Öl» aufgeführt ist, wird je nach Anwendung eine spezielle Sorte vorgeschlagen. In kalt gepresstem Hanf-, Lein-, Baumnuss- und Rapsöl sind besonders viele wertvolle Omega-3-Fettsäuren enthalten. Diese Öle eignen sich wunderbar für die kalte Küche. Sobald Öl erhitzt wird, sollten keine kalt gepressten Öle verwendet werden. Zum Dünsten, Dämpfen oder Schmoren eignen sich Öle mit einem hohen Anteil an einfach ungesättigten Fettsäuren wie Oliven- und Haselnussöl. Zum Braten, Frittieren und Backen empfiehlt sich sogenanntes HOLL-Rapsöl oder HO-Sonnenblumenöl. HO steht dabei für «High Oleic» (reich an Ölsäure) und LL für «Low Linolenic» (wenig mehrfach ungesättigte, nicht hitzestabile Fettsäuren). Diese Sorten sind spezielle Züchtungen und daher besonders reich an hitzestabiler Ölsäure.

Aufbau Rezepte

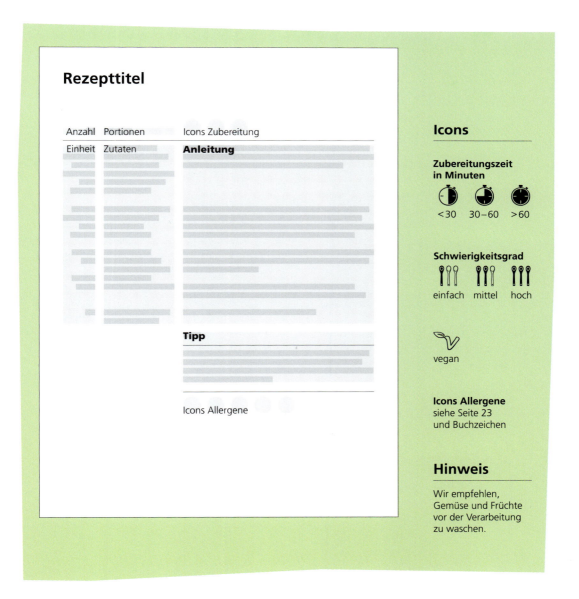

Getränke

Herbst-Saft

	4	Portionen

	1	Apfel
	800 g	kernlose Trauben
	120 g	Heidelbeeren
	1	Zitrone, frisch gepresster Saft
	4 dl	Wasser

Beim Apfel das Kerngehäuse entfernen, Apfel in grobe Stücke schneiden und mit den Trauben und Beeren in ein hohes Gefäss geben.

Zitronensaft und Wasser zu den Früchten geben und mit dem Stabmixer pürieren. Durch ein Sieb passieren.

Tipp

Der Saft kann auch im Hochgeschwindigkeitsmixer zubereitet werden. Maximal eine Minute mixen, sonst wird der Saft warm.

Tuttifrutti-Saft

	4	Portionen

	6	Orangen (5 dl Saft)
	1	Banane
	1	Kiwi
	1	Apfel
	1	Birne
	2 dl	Wasser

Orangen halbieren und auspressen, den Saft in ein hohes Gefäss geben.

Banane und Kiwi schälen, bei Apfel und Birne das Kerngehäuse entfernen. Alle Früchte in grobe Würfel schneiden, zum Orangensaft geben.

Wasser beifügen. Mit einem Stabmixer pürieren und anschliessend durch ein Sieb passieren.

Tipp

Der Saft kann auch im Hochgeschwindigkeitsmixer zubereitet werden. Maximal eine Minute mixen, sonst wird der Saft warm.

Green Smoothie

4	Portionen	

½	Banane
½	Mango
2	Orangen
½	Apfel
½	Salatgurke
80 g	Blattspinat
4 EL	Zitronensaft, frisch gepresst
4 dl	Wasser

Banane, Mango und Orangen schälen. Beim Apfel Kerngehäuse, bei der Mango Stein entfernen. Alle Zutaten in grobe Stücke schneiden.

Gurke mit der Schale in grobe Stücke schneiden. Blattspinat waschen, dicke Stiele entfernen.

Alle Zutaten in ein hohes Gefäss geben und mit dem Stabmixer pürieren.

Tipp

Der Saft kann auch im Hochgeschwindigkeitsmixer zubereitet werden. Maximal eine Minute mixen, sonst wird der Saft warm.

Golden Smoothie

4	Portionen	

1	Papaya
4	Orangen
1	Limette
½ TL	Five Spice
2,5 dl	Wasser

Papaya schälen, halbieren und Kerne entfernen. Fruchtfleisch in grobe Würfel schneiden.

Orangen und Limette schälen. Kerne entfernen. Alle Zutaten in ein hohes Gefäss geben und mit dem Stabmixer pürieren.

Tipp

Anstatt Five Spice kann auch Zimt verwendet werden.

Orangen-Eistee

1,5 l

5 dl	Wasser	Wasser und Zucker in einer Pfanne aufkochen. Pfirsich-Apfel-Teemischung, Zimtstange, Nelken und Kardamomkapseln zugeben, zehn Minuten ziehen lassen.
3 EL	Zucker	
2 EL	Pfirsich-Apfel-Teemischung, offen	
½	Zimtstange	
2	Nelken	
2	Kardamomkapseln	
4 EL	Schwarztee, offen	Schwarztee zugeben, zwei Minuten ziehen lassen. Alles in einen Krug sieben. Mit kaltem Wasser, Zitronen- und Orangensaft auffüllen, abkühlen lassen.
8,5 dl	Wasser, kalt	
3 EL	Zitronensaft, frisch gepresst	
6 EL	Orangensaft, frisch gepresst	
½	Zitrone, in Scheiben geschnitten	Zitronenscheiben und Eiswürfel zum Eistee geben.
	Eiswürfel	

Rooibos-Eistee

1,5 l

8 dl	Wasser	Wasser in einer Pfanne aufkochen. Minze und Teebeutel zugeben, 15 Minuten ziehen lassen.
2	Zweige Minze	
5	Beutel Rooibostee	
2,5 dl	Orangensaft, frisch gepresst	Minze und Teebeutel aus dem Tee nehmen. Tee mit Orangensaft und Wasser in einen Krug geben, gut umrühren und abkühlen lassen. Eiswürfel und Minzzweige zugeben.
6 dl	Wasser, kalt	
	Eiswürfel	
6	Zweige Minze	

Rooibos-Eistee
Seite 42

Orangen-Eistee
Seite 42

Zitronengras-Ingwer-Mojito

4	Portionen	

4	Zitronengrasstängel	Unteres Drittel der Zitronengrasstängel in feine Ringe schneiden, lange Stiele für die Dekoration zur Seite legen.
4	Limetten	Limetten in Viertel schneiden, mit Zucker, Zitronengras und Minzblättern in einem Litermass mit einem Stössel zerdrücken.
4 TL	Rohzucker	
32	Minzblätter	
	Crushed Ice	
6 dl	Ginger Beer, alkoholfrei	In vier Gläser verteilen, mit Crushed Ice auffüllen. Ginger Beer zugeben, alles gut verrühren.
4	Zweige Minze	Mit je einem Zweig Minze, einem Zitronengrasstängel und einer Limette ausgarnieren.
1	Limette	

Tipp

Ginger Beer kann 1:1 durch Ginger Ale ersetzt werden.

Erdbeer-Basilikum-Caipirinha

4	Portionen	

12	Erdbeeren	Stielansatz der Erdbeeren entfernen, Erdbeeren in Viertel schneiden, mit Limettensaft, Basilikum und Rohzucker in vier Gläser verteiler und mit einem Stössel zerdrücken.
1	Limette, frisch gepresster Saft	
16	Blätter Basilikum	
4 TL	Rohzucker	
	Eiswürfel	Eiswürfel und Ginger Ale zugeben, gut umrühren.
6 dl	Ginger Ale	
4	Erdbeeren	Erdbeeren einschneiden und auf den Glasrand stecken. Mit Basilikumblättern garnieren.
	Basilikum	

Zitronengras-Ingwer-Mojito
Seite 44

Erdbeer-Basilikum-Caipirinha
Seite 44

Gewürz-Nüssli
Seite 82

Passionsfrucht-Limonade

1 l

6	Passionsfrüchte	Passionsfrüchte halbieren, Fruchtfleisch mithilfe eines Löffels in eine kleine Pfanne geben.
2 EL	Wasser	Wasser, Zucker, Passionsfruchtsirup und Limettensaft hinzufügen, aufkochen und drei Minuten auf mittlerer Stufe köcheln lassen.
1 EL	Zucker	
2 EL	Passionsfruchtsirup	
1 TL	Limettensaft, frisch gepresst	In der Pfanne mit dem Stabmixer pürieren, durch ein feines Sieb in einen Krug geben, abkühlen lassen.
1 l	Mineralwasser mit Kohlensäure Eiswürfel	Eiswürfel in den Krug geben, mit dem Mineralwasser auffüllen, kurz umrühren.

Himbeer-Lime-Limonade

1 l

60 g	Himbeeren	Himbeeren, Limettensaft, Wasser und Zucker in eine kleine Pfanne geben und einmal aufkochen. Mit dem Stabmixer pürieren, durch ein feines Sieb passieren, Himbeersirup unterrühren, in einen Krug geben und abkühlen lassen.
2 EL	Limettensaft, frisch gepresst	
2 EL	Wasser	
1 EL	Zucker	
2 EL	Himbeersirup	
1 l	Mineralwasser Eiswürfel	Eiswürfel zugeben, mit dem Mineralwasser auffüllen und umrühren.

Tipp

Es kann auch Erdbeer- oder Waldbeersirup verwendet werden.

Himbeer-Lime-Limonade
Seite 46

Passionsfrucht-Limonade
Seite 46

Masala Chai

1 l	

5 dl	Wasser
5 dl	Milch
4	grüne Kardamom-kapseln
1	Zimtstange
4	Gewürznelken
4 TL	Schwarztee, offen
3 EL	Zucker

Wasser, Milch und Gewürze in eine Pfanne geben, aufkochen und zehn Minuten köcheln lassen.

Schwarztee und Zucker dazugeben, umrühren und zwei Minuten ziehen lassen.

Tee durch ein Sieb in einen Krug giessen und sofort servieren.

Tipp

Als Sommervariante kann man den Tee mit Eiswürfeln als Iced Chai servieren. Für eine koffeinfreie Variante koffeinfreien Schwarztee oder Rooibostee verwenden, Rooibostee fünf Minuten ziehen lassen.

Heisse Schoggi

4	Portionen

7 dl	Milch
100 g	dunkle Schokolade
½ TL	Five Spice

Milch in einer Pfanne auf mittlerer Stufe langsam erwärmen.

Schokolade in Stücke brechen, mit Five Spice zur Milch geben und unter Rühren schmelzen lassen.

Tipp

Anstatt Five Spice kann auch Zimt, Lebkuchengewürz oder je eine Prise gemahlene Nelken, Zimt, Sternanis, Vanille und Kardamom verwendet werden.

Zu Besuch bei Oma mit meiner kleinen Schwester

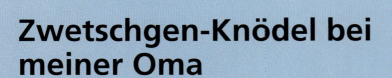

Zwetschgen-Knödel bei meiner Oma

«Ich weiss noch ganz genau, wie ich früher immer mit der Familie meine Oma in St. Gallen besucht habe. Praktisch jedes Mal gab es dort Zwetschgen-Knödel und zum Dessert Vanilleglace mit Himbeersauce. Meine Eltern haben die Zwetschgen-Knödel schon oft versucht zu machen, doch geklappt hat das nie wirklich. Sie schmeckten nie so, wie sie sollten, eben so wie bei Oma. Ich hoffe, dass sie es irgendwann einmal schaffen oder vielleicht auch ich später einmal. Meine Oma hat nämlich mittlerweile leider Mühe mit dem Kochen. Ich bedaure das natürlich, denn nur meine Oma kann mein Lieblingsessen so hinbekommen, wie ich es am liebsten mag.»

Nils
16 Jahre

Desserts
ab Seite 341

Mango-Lassi

4	Portionen	

2	sehr reife, süsse Mangos	Mangos schälen, Stein entfernen, Fruchtfleisch in Würfel schneiden und in einem hohen Gefäss mit dem Stabmixer pürieren.
400 g 2 dl	Naturejoghurt Milch nach Wahl	Joghurt und Milch in einem Litermass mischen.
2 Prisen	Kardamom, gemahlen	Pürierte Mango in vier Gläser verteilen, mit Joghurtmilch auffüllen, vermischen und mit Kardamom bestreuen.

Tipp

Für eine vegane Variante ungesüsstes Soja- oder Kokosjoghurt sowie Soja-, Mandel- oder Reisdrink verwenden.

Bananen-Schoggi-Milchshake

4	Portionen	

4	Bananen	Bananen schälen, in grobe Stücke schneiden und über Nacht tiefkühlen.
2 4 dl 50 g	Vanilleschoten kalte Milch nach Wahl dunkle Schokolade	Tiefgekühlte Bananen 5–10 Minuten antauen lassen. Vanilleschoten halbieren, Mark herauskratzen. Schokolade in kleine Stücke brechen.
		Alle Zutaten in ein hohes Gefäss geben und mit dem Stabmixer pürieren.

Himbeer-Milchshake

4	Portionen	

4 dl	kalte Milch nach Wahl	Alle Zutaten in ein hohes Gefäss geben und mit dem Stabmixer pürieren.
200 g	Himbeeren	
200 g	Himbeer-Sorbet	

Breakfast Smoothie

6	dl	

½	Avocado	Die Avocado halbieren, den Kern und die Schale entfernen. Die Banane schälen.
½	Banane	
2	Datteln, entsteint	
2 TL	Limettensaft, frisch gepresst	Avocado, Banane und Datteln mit den übrigen Zutaten in den Mixer geben. Alles eine Minute auf höchster Stufe zu einem geschmeidigen Smoothie mixen.
20 g	Blattspinat	
3 dl	Mandelmilch	
2 EL	Haferflocken	**Tipp**
1 TL	Leinsamen	
½ TL	Zimt	Anstatt Leinsamen können auch Floh-, Chia- oder Hanfsamen (geschält) verwendet werden.
2 dl	Wasser	

Frühstück

Porridge
Seite 59

Birchermüesli
Seite 57

Chia-Müesli
Seite 58

Birchermüesli

4	Portionen

50 g	Haferflocken, fein	Haferflocken, Dinkelflocken, Orangensaft, Joghurt und Birnel mischen. Zwei Stunden oder über Nacht im Kühlschrank quellen lassen.
35 g	Dinkelflocken	
1½ dl	Orangensaft, frisch gepresst	
250 g	Naturejoghurt	
1 EL	Birnel	
1	Banane, reif	Banane schälen, längs halbieren, in dünne Scheiben schneiden und zum Müesli geben.
1	Apfel	Apfel vierteln, Kerngehäuse entfernen. Apfelstücke mit der Bircherraffel direkt ins Müesli reiben. Beeren dazugeben, alles gut mischen.
200 g	frische Beeren, gemischt	
1 dl	Rahm	Rahm mit einem Handmixer steif schlagen, zum Müesli geben und mit einem Gummischaber unterheben.
	saisonale Früchte	Früchte waschen, rüsten, in Scheiben schneiden und das Birchermüesli damit garnieren.

Tipp

Im Winter können statt frische auch tiefgekühlte Beeren verwendet werden. Naturejoghurt kann man durch Sojajoghurt und Rahm durch vegane Schlagcreme ersetzen, so ist das Rezept vegan.

Chia-Müesli

4	Portionen	

500 g	Sojajoghurt
2 EL	Chiasamen
2 EL	Ahornsirup
75 g	ungezuckerte Müesli-mischung
1 dl	Orangensaft, frisch gepresst
1	Mango

Joghurt in eine Schüssel geben, Chiasamen, Ahornsirup, Müeslimischung und Orangensaft zugeben, mit einem Schwingbesen verrühren.

Mango schälen, Fruchtfleisch entlang vom Stein wegschneiden und in kleine Würfel schneiden.

Mangowürfel unterrühren, Müesli zwei Stunden bei Raumtemperatur quellen lassen.

Tipp

Das Müesli kann am Vorabend zubereitet werden und dann über Nacht im Kühlschrank quellen. Die Mangowürfel dann erst am nächsten Morgen unterrühren. Je nach verwendeter Müeslimischung können Nüsse enthalten sein.

Porridge

4	Portionen		

150 g	Haferflocken
6 dl	Milch
1 Prise	Salz
	Ahornsirup, Honig oder Birnel nach Wahl
	saisonale Früchte

Haferflocken mit Milch und Salz in eine Pfanne geben. Unter Rühren langsam erhitzen und so lange auf kleiner Hitze köcheln lassen, bis die Haferflocken zerfallen und das Porridge sämig ist, ca. 20–30 Minuten.

Porridge warm mit Früchten servieren, nach Belieben süssen.

Tipp

Porridge ist ein gekochter Getreidebrei, der vor allem in Grossbritannien zum Frühstück beliebt ist. Wer morgens nicht viel Zeit hat, mischt am Vorabend die Haferflocken mit Salz und Milch und lässt sie über Nacht im Kühlschrank quellen. Am nächsten Morgen erwärmen und direkt geniessen.

Pancakes

16	Pancakes	
75 g	Butter	Butter in einer Pfanne auf mittlerer Stufe schmelzen und etwas abkühlen lassen.
2	Eier	Eier in einer Schüssel leicht verquirlen.
250 g 2 TL 75 g 1 Prise	Mehl Backpulver Zucker Salz	Mehl, Backpulver, Zucker und Salz in einer Schüssel mischen.
3 dl	Buttermilch	Buttermilch und geschmolzene Butter zu den Eiern hinzugeben, zu einem glatten Teig verrühren und diesen 30 Minuten ruhen lassen.
8 g	Butter Ahornsirup	4 g Butter in einer Bratpfanne erhitzen. Für jeden Pancake jeweils zwei Esslöffel Teig in die Bratpfanne geben.

Pancakes bei mittlerer Hitze braten. Pancakes wenden, sobald sich der Rand der Pancakes vom Pfannenboden löst. Die andere Seite ebenfalls goldbraun braten. Mit dem restlichen Teig ebenso verfahren. Die fertigen Pancakes mit Ahornsirup beträufeln und warm servieren.

Tipp

Falls die Pancakes nicht sofort serviert werden können, bei 65 °C im Ofen warmhalten.
Auch Früchte, Joghurt oder Quark passen hervorragend zu Pancakes. Für Frucht-Pancakes am Schluss einfach Beeren oder kleingewürfelte Äpfel zum Teig geben und die Pancakes wie beschrieben braten.

Pancakes
Seite 60

Der Apfelkuchen meiner Urgrossmutter

«Dieses Apfelkuchenrezept ist seit über fünf Generationen in unserer Familie, doch bis heute macht ihn meine Urgrossmutter am besten. Deren Mutter hatte ihn noch mit normalem weissem Zucker gemacht, bis meine Urgrossmutter die Idee hatte, braunen Zucker zu verwenden. Genau dies gibt dem Kuchen noch mal einen ganz anderen Geschmack. Meine Urgrossmutter hat ihr Rezept schon unzählige Male weitergegeben und den Kuchen für ebenso viele Freunde und Verwandte gebacken.
Natürlich kenne auch ich das Rezept von Köllikers Apfelkuchen: Zuerst legt man den Teig aus, dann werden die Apfelschnitze darauf verteilt und mit braunem Zucker bestreut. Danach gibt man ihn in den Ofen, um alles zu erwärmen. Währenddessen muss der Guss gemacht werden, den man erst nach einiger Zeit über den Kuchen giesst. Darauf wird nochmals brauner Zucker gestreut. Nach einer weiteren knappen halben Stunde im Ofen ist der Kuchen fertig.»

Familienfoto aus den Ferien

Joël
14 Jahre

Apfelkuchen
Seite 330

Rösti

4	Portionen (1 Rösti)		
500 g	Kartoffeln Typ A (festkochend) Salz, Pfeffer		Kartoffeln mit der Schale ca. 20 Minuten in kochendem Salzwasser weichkochen.
			Kartoffeln in kaltem Wasser abschrecken, schälen und an der Röstiraffel reiben. Kartoffelmasse mit Salz und Pfeffer würzen.
6 EL	Öl		Öl in einer Bratpfanne auf mittlerer Stufe erhitzen. Kartoffelmasse beigeben, mit einer Bratschaufel an den Seiten und auf der Oberfläche leicht andrücken. Goldbraun braten.
			Nach ca. fünf Minuten die Rösti mit einem Teller wenden. Rösti auf der anderen Seite weitere fünf Minuten braten.

Tipp

Schalenkartoffeln können auch am Vortag zubereitet werden. Wer mehrere Rösti zubereitet, kann die bereits gebratenen bei 65 °C im Ofen bis zum Servieren warmhalten.

Rösti
Seite 64

Granola-Riegel

10	Stück à 50 g	

30 g	Datteln, entsteint
30 g	Mandeln, geschält
125 g	Birnel
30 g	Erdnussmus oder ungesüsste Erdnussbutter
180 g	Haferflocken
40 g	Cranberrys
30 g	Kürbiskerne
25 g	Chiasamen

Datteln und Mandeln fein hacken und mit den restlichen Zutaten in eine Schüssel geben, gut vermischen.

Gratinform mit Backpapier auslegen. Masse darin verteilen, von Hand überall gut andrücken. Gratinform abdecken und die Masse über Nacht im Kühlschrank fest werden lassen.

Am nächsten Tag die Masse in zehn Riegel schneiden.

Tipp

Die Granola-Riegel halten sich in einer Frischhaltebox mindestens eine Woche.

Breakfast Smoothie
Seite 54

Granola-Riegel
Seite 66

Schoggigipfeli

Ergibt ca. 16 Stück
Zutaten: 1 Vanilleschote,
200 g Haselnüsse, 8 EL Ahornsirup, 2 EL Kakaopulver,
7 EL Wasser, 2 vegane Blätterteige, 3 EL vegane Saucencreme

1 Backofen auf 180 °C Ober- und Unterhitze vorheizen. Vanilleschote längs aufschneiden, Mark auskratzen. Haselnüsse im vorgeheizten Ofen bei 180 °C zehn Minuten rösten. Herausnehmen und kurz abkühlen lassen. Die Haselnüsse in einen Mixer geben und drei Minuten sehr fein mahlen. Geröstete, gemahlene Haselnüsse, Vanillemark, Ahornsirup, Kakaopulver und

Wasser für das Schoggi-Nuss-Mus in eine Schüssel geben, mischen.

2 Zwei Blätterteige in jeweils acht gleich grosse Dreiecke schneiden.

3 Jeweils 2 TL Schoggi-Nuss-Mus auf das breite Ende geben.

4 Gipfeli vom Ende her langsam aufrollen.

5 Gipfeli auf ein mit Backpapier belegtes Blech legen, leicht halbmondförmig biegen und mit veganer Saucencreme bestreichen.

6 In der Mitte des Ofens 25 Minuten bei 180 °C goldbraun backen und warm servieren.

Cranberry-Granola

450 g

100 g	Haferflocken, grob
30 g	Kürbiskerne
30 g	Sonnenblumenkerne
80 g	ungeschälte Mandeln
1 Prise	Nelken, gemahlen
1 Prise	Zimt
1 Prise	Kardamom, gemahlen
1½ EL	Öl
3 EL	Ahornsirup
1 EL	Birnel
120 g	getrocknete Cranberrys

Backofen auf 170 °C, Ober- und Unterhitze, vorheizen.

Haferflocken, Kürbiskerne, Sonnenblumenkerne und Mandeln in eine Schüssel geben und vermischen. Gemahlene Nelken, Zimt und Kardamom zugeben und untermischen.

Öl, Ahornsirup und Birnel in eine kleine Schüssel geben und verrühren. Zu der Haferflockenmischung geben und alles gut mischen. Die Masse auf einem mit Backpapier belegten Blech verteilen.

Granolamischung in der Mitte des Backofens bei 170 °C ca. 15 Minuten backen.

Kurz abkühlen lassen, dann leicht zerstossen und die Cranberrys untermischen.

Tipp

Das Cranberry-Granola schmeckt toll mit frischen Früchten, Joghurt oder Milch. Schön verpackt ist es auch ein willkommenes Mitbringsel.

Himbeerquark

4	Portionen		
1,8 dl	Rahm		Rahm in einen Messbecher geben, mit dem Handmixer steif schlagen.
400 g	Magerquark		Quark mit Puderzucker in eine Schüssel geben und verrühren. Beeren und steifen Rahm dazugeben, mit einem Gummischaber unterheben.
2 EL	Puderzucker		
200 g	Himbeeren		

Tipp

Himbeeren saisonal durch andere Beeren, Kirschen, Pfirsich, Nektarine, Apfel oder Birne ersetzen.

Erdbeer-Bananen-Joghurt

4	Portionen		
400 g	Erdbeeren		Stielansatz der Erdbeeren entfernen, Erdbeeren halbieren oder vierteln.
100 g	Naturejoghurt		Joghurt, Zitronensaft, Birnel und Zimt in eine Schüssel geben, mit dem Schwingbesen verrühren. Bananen schälen, in Scheiben schneiden und mit den Erdbeeren unter das Joghurt mischen.
1 EL	Zitronensaft, frisch gepresst		
2 EL	Birnel		
1 Prise	Zimt oder Five Spice		
2	Bananen		

Tipp

Anstatt Erdbeeren schmecken auch andere Früchte wie Sauerkirschen, Himbeeren, Heidelbeeren, Pfirsiche oder Nektarinen.

Snacks Fingerfood

Panko-Sticks

15	Sticks

2 EL	Ketchup
1 EL	Senf
1 EL	Tamari-Sojasauce
½ TL	Madras-Curry
1 TL	Rohzucker
5	Quornschnitzel à 60 g
80 g	Mehl
4 EL	Tamari-Sojasauce
2	Eier
150 g	Panko-Mehl
3 EL	Öl

Marinade Alle Zutaten in einer grossen Schüssel gut verrühren. Quornschnitzel längs dritteln, sorgfältig mit der Marinade in der Schüssel mischen und zehn Minuten marinieren.

Panade Drei Suppenteller bereitstellen: den ersten mit Mehl, den zweiten mit Sojasauce und verquirlten Eiern, den dritten mit Panko-Mehl.

Marinierte Sticks in der vorgegebenen Reihenfolge panieren, Panko-Mehl gut andrücken.

Öl in einer Bratpfanne erhitzen. Panko-Sticks rundum goldbraun braten. Kurz auf einem Haushaltspapier entfetten.

Tipp

Alternativ zum Quorn kann auch Tofu, Tempeh oder blanchiertes Gemüse wie Brokkoli- oder Blumenkohlröschen, Karotten- oder Zucchetti-Sticks verwendet werden.

Cocktailsauce
Seite 133

Panko-Sticks
Seite 74

Crispy Tofu

8	Stück	

6 EL	Ketchup
1 EL	Senf
1 EL	Tamari-Sojasauce
½ TL	Madras-Curry
1 TL	Salz
1 TL	Rohzucker
360 g	Tofu

Marinade Alle Zutaten in einer kleinen Schüssel gut miteinander verrühren. Tofustücke in 1 cm dicke Scheiben schneiden, mit der Marinade gut einpinseln und 30 Minuten marinieren.

3 EL	Mehl
4 EL	Sojadrink
1 TL	Maizena
240 g	Cornflakes, gebrochen

Panade Drei Suppenteller bereitstellen: den ersten mit Mehl, den zweiten mit einer Mischung aus Sojadrink und Maizena, den dritten mit Cornflakes.

Die marinierten Tofustücke in der vorgegebenen Reihenfolge panieren, Cornflakes gut andrücken.

3 EL	Öl

Öl in der Bratpfanne erhitzen. Tofustücke rundum goldbraun braten. Kurz auf einem Haushaltspapier entfetten.

Tipp

Der Tofu schmeckt noch intensiver, wenn er am Vorabend mariniert wurde. Dazu passen frischer Blattsalat und Frucht-Chutneys, z. B. Mango-Apfel-Chutney (Seite 123).

Dattel-Brie-Crostini

20	Stück

Backofen auf 180 °C Ober- und Unterhitze vorheizen.

1	Baguette

Baguette in 2 cm dicke Scheiben schneiden und auf ein mit Backpapier belegtes Blech legen. Bei 180 °C 10–15 Minuten backen, bis sie leicht knusprig sind.

½	Zwiebel
100 g	Datteln, entsteint
2 EL	Sultaninen
½ Bund	Koriander
1	baumnussgrosses Stück frischer Ingwer
2 EL	Tomatenpüree
3 EL	Zitronensaft, frisch gepresst
2 EL	Rohzucker
½	TL Kreuzkümmel, gemahlen
½	TL Salz

Zwiebel schälen und mit den Datteln, Sultaninen und dem Koriander fein hacken und in eine Schüssel geben. Ingwer an der Raffel dazureiben. Alles mit Tomatenpüree, Zitronensaft, Zucker, Kreuzkümmel und Salz vermischen.

250 g	Brie
150 g	Doppelrahmfrischkäse

Rinde vom Brie dünn wegschneiden, den Brie grob hacken und mit dem Frischkäse sorgfältig unter die Dattelmasse mischen.

	Koriander zum Garnieren

Dattel-Brie-Mousse auf den gebackenen Crostini verteilen und mit je einem Korianderblatt garnieren.

Tipp

Crostini sind eine typisch italienische Vorspeise, die sich beliebig abwandeln lässt. Klassisch ist eine Mischung aus gehackten Tomaten, Basilikum, Olivenöl und Salz und Pfeffer oder aus in Olivenöl gebratenen Pilzen gemischt mit gehackter Petersilie und abgeschmeckt mit Salz, Pfeffer und frisch gepresstem Zitronensaft.

Dattel-Brie-Crostini
Seite 78

Tomaten-Crostini
Seite 78

Pilz-Crostini
Seite 78

Kartoffel-Halloumi-Plätzchen

8	Stück		

2	Kartoffeln

Kartoffeln waschen und schälen, grob würfeln und in Salzwasser ca. 20 Minuten weichkochen.

½	Zucchetti
1	Tomate
120 g	Halloumi
¼ Bund	Estragon
1	Ei
40 g	Mehl
	Salz, Pfeffer, Paprika, edelsüss
300 g	Sesam
3 EL	Öl

Zucchetti grob raffeln und von Hand gut ausdrücken. Tomate entkernen und fein würfeln. Halloumi in kleine Würfel schneiden, Estragon fein hacken.

Gekochte Kartoffeln mit einer Gabel zerdrücken und mit der geraffelten Zucchetti, der Tomate, dem Halloumi, dem Estragon, dem Ei und dem Mehl gut vermischen. Kräftig mit Salz, Pfeffer und Paprika würzen.

Teig zu acht Plätzchen formen und im Sesam wälzen.

Öl in einer Bratpfanne auf mittlerer Stufe erhitzen. Kartoffel-Halloumi-Plätzchen rundum goldbraun braten. Kurz auf einem Haushaltspapier entfetten.

Tipp

Halloumi ist ein griechischer halbfester Käse, der sich zum Braten eignet. Anstatt Halloumi kann auch Paneer, indischer Frischkäse, verwendet werden.

Kartoffel-
Halloumi-Plätzchen
Seite 80

Gemüse-Chips

4	Portionen	

Backofen auf 180 °C Ober- und Unterhitze vorheizen.

1	Pastinake
1	Karotte
1	Süsskartoffel
1	Rande
½	Knollensellerie
2 EL	Olivenöl

Pastinake, Karotte, Süsskartoffel, Rande und Knollensellerie mit dem Gemüsehobel in feine Scheiben hobeln.

Gemüsescheiben auf ein mit Backpapier belegtes Blech legen, mit Öl bepinseln.

100 g	Federkohl

Bei 180 °C 20 Minuten backen, dann den Federkohl zugeben und weitere 10–15 Minuten backen.

1 TL	Salz
½ TL	Fenchelsamen

Salz und Fenchelsamen in einem Mörser zerreiben und mit den Gemüse-Chips mischen. Warm oder kalt servieren.

Gewürz-Nüssli

500 g		

Backofen auf 165 °C Ober- und Unterhitze vorheizen.

250 g	Cashewkerne
60 g	Mandeln
80 g	Sonnenblumenkerne

Cashewkerne, Mandeln und Sonnenblumenkerne auf ein Backblech geben und im Ofen zehn Minuten bei 165 °C rösten.

½ TL	Maizena
4 EL	Wasser
¼ TL	Paprika, edelsüss
½ TL	Madras-Curry
¾ TL	Salz
60 g	Cranberrys

Maizena mit kaltem Wasser in einer kleinen Pfanne verrühren und kurz aufkochen. Gewürze und Salz zugeben, rühren und dann alles mit den heissen Nüssen und Sonnenblumenkernen mischen.

Bei 165 °C weitere 10–15 Minuten backen, auskühlen lassen. Cranberrys untermischen.

Tipp

Die Gewürz-Nüssli sind ein Snack für den schnellen Hunger zwischendurch. Das Rezept kann beliebig abgewandelt werden, indem andere Nüsse und Gewürze verwendet werden.

Gemüse-Chips
Seite 82

Kartoffel-Wedges

4 Portionen	
	Backofen auf 200 °C Ober- und Unterhitze vorheizen.
8 Kartoffeln 3 EL Olivenöl	Kartoffeln unter laufendem Wasser gut abbürsten, längs in Achtel schneiden. Kartoffelschnitze in eine Schüssel geben, Öl zugeben, mischen.
2 EL Paprika, edelsüss ½ TL Kümmel, gemahlen 2 TL Salz	Gewürze unterrühren, nochmals gut mischen. Kartoffeln auf ein mit Backpapier belegtes Blech legen. In der Ofenmitte bei 200 °C 35–45 Minuten backen.

Süsskartoffel-Fries

4 Portionen	
	Backofen auf 200 °C Ober- und Unterhitze vorheizen.
6 Süsskartoffeln 3 EL Öl	Süsskartoffeln unter laufendem Wasser gut abbürsten, längs in Achtel schneiden. Schnitze in eine Schüssel geben, Öl zugeben und mischen.
1 EL Hartweizengriess 1 EL Paprika, edelsüss 1 TL Ingwer, gemahlen 1½ TL Salz	Hartweizengriess mit den Gewürzen in einer Schüssel mischen, über die Kartoffeln streuen und alles vermischen. Süsskartoffeln auf ein mit Backpapier belegtes Blech legen und in Ofenmitte bei 200 °C 35–45 Minuten backen.

Vegane Schinkengipfeli

16	Gipfeli	

		Backofen auf 180 °C Ober- und Unterhitze vorheizen.
200 g	Räuchertofu	**Füllung** Räuchertofu grob zerkleinern, in ein hohes Gefäss geben und mit dem Stabmixer pürieren.
1	Zwiebel	Zwiebel und Knoblauch schälen, fein hacken. Öl in einer Brat-
1	Knoblauchzehe	pfanne erhitzen, gehackte Zwiebel und Knoblauch darin auf
1 EL	Olivenöl	mittlerer Stufe andünsten, bis sie goldbraun sind.
½ Bund	Petersilie	Petersilie fein hacken. Zwiebel, Knoblauch und Petersilie mit
100 g	vegane Saucencreme	dem Räuchertofu und den restlichen Zutaten für die Füllung
½ TL	Paprika, edelsüss	in einer Schüssel mischen, mit Salz und Pfeffer würzen.
1 TL	Senf	
	Salz, Pfeffer	
2	vegane Blätterteige, rund	Beide Blätterteige in acht gleich grosse Dreiecke schneiden. Je 2 TL Füllung auf das breite Ende geben. Den Teigrand leicht über die Füllung klappen und zur Spitze hin aufrollen (siehe Schoggigipfeli, Seite 68).
3 EL	vegane Saucencreme	Die Gipfeli auf ein mit Backpapier belegtes Blech legen und mit der Saucencreme bestreichen. Bei 180 °C ca. 25 Minuten backen. Die veganen Schinkengipfeli schme- cken warm oder kalt.

Vegane
Schinkengipfeli
Seite 86

Flammkuchen

1	Flammkuchen	

250 g Mehl
3 EL Olivenöl
1 dl Wasser, kalt
¾ TL Salz

Backofen auf 220 °C Ober- und Unterhitze vorheizen.

Teig Mehl mit Öl, Wasser und Salz in einer Schüssel zu einem glatten Teig verkneten und ca. 15 Minuten bei Zimmertemperatur zugedeckt ruhen lassen.

2 Zwiebeln
150 g Räuchertofu
200 g veganer Frischkäse

Belag Zwiebeln schälen und in dünne Streifen schneiden, Räuchertofu würfeln.

Flammkuchenteig auf wenig Mehl dünn zu einem Rechteck auswallen, auf ein mit Backpapier belegtes Blech legen und mit dem Frischkäse bestreichen.

½ Zitrone, frisch gepresster Saft
2 Zweige Thymian, abgezupfte Blätter
Pfeffer

Zwiebeln und Räuchertofu auf dem Flammkuchen verteilen, mit Zitronensaft beträufeln und Thymianblätter darüberstreuen.

Flammkuchen im vorgeheizten Ofen bei 220 °C ca. zehn Minuten goldbraun backen. Mit frisch gemahlenem Pfeffer garnieren.

Flammkuchen
Seite 88

Fasten, feiern, geniessen bei uns zu Hause

«Immer sieben Wochen vor Ostern fasten wir in unserer Familie, und zwar so, dass wir nur zu einer bestimmten Stunde am Tag etwas essen. Es müssen nicht alle der Familie mitmachen, es ist freiwillig. In diesen Fastenwochen gehen wir immer am Sonntag in die Kirche und treffen dort alle Verwandten. Gemeinsam verbringen wir die Sonntage der Fastenzeit. Wir essen dann immer etwas ganz Besonderes, das die ganze Familie liebt: Mezze. Das sind ganz viele verschiedene Gerichte in verschiedenen Schalen und Tellern. Da gibt es zum Beispiel Pite, eine Art gefüllter Blätterteig mit allem drin, was man gerne hat. Burek ist ebenso beliebt, mit Käse oder anderen Zutaten gefüllt. Am letzten Tag dieser sieben Wochen darf man den ganzen Tag nichts essen. Nach dem Besuch der Kirche dürfen wir genau um Mitternacht wieder etwas essen. Welch ein Festessen mit Mezze und vielen Süssigkeiten. Wir sitzen alle lange gemeinsam beisammen, essen und trinken, hören Musik und tanzen.»

Geburtstagsessen mit meiner Familie

Mezze wie bei uns zu Hause

Pide
Seite 94

Pizza Margherita
Seite 93

Pizza Margherita

1	Backblech	

		Backofen auf 230 °C Ober- und Unterhitze vorheizen. Backblech dabei mit vorheizen.
10 g	frische Hefe	**Teig** Hefe im Wasser auflösen und zehn Minuten stehen lassen.
1 dl	Wasser, lauwarm	
250 g	Mehl	Mehl und Salz in eine grosse Schüssel geben und in der Mitte eine Mulde bilden. Hefevorteig und Öl zugeben und Teig von Hand oder mit dem elektrischen Handmixer ca. zehn Minuten kneten, bis er geschmeidig ist.
½ TL	Salz	
3 EL	Olivenöl	
		In eine Schüssel geben, mit einem Küchentuch abdecken und an einem warmen Ort 45–60 Minuten aufgehen lassen, bis sich sein Volumen verdoppelt hat.
2	Tomaten	**Belag** Die Tomatenstrünke entfernen, Tomaten in dünne Scheiben schneiden. Mozzarella ebenfalls in dünne Scheiben schneiden, Basilikumblättchen abzupfen, Hartkäse fein reiben.
150 g	Mozzarella	
¼ Bund	Basilikum	
80 g	Hartkäse	
		Teig auf einer bemehlten Arbeitsfläche in Grösse des Backblechs 0,5 mm dünn auswallen und auf ein Backpapier legen.
½	Rezeptmenge Tomatensauce 400 g (Seite 134)	Teig mit der Tomatensauce bestreichen, dabei 1 cm Rand freilassen. Tomaten- und Mozzarellascheiben gleichmässig auf der Tomatensauce verteilen und mit dem geriebenen Käse bestreuen.
		Das heisse Backblech mit Ofenhandschuhen aus dem Ofen holen. Vorsichtig das Backpapier mit der Pizza auf das Blech ziehen und die Pizza bei 230 °C ca. 15–20 Minuten backen. Anschliessend mit den abgezupften Basilikumblättern bestreuen.

Tipp

Die Pizza kann nach Belieben zusätzlich belegt werden, z. B. mit Champignons, Peperoni, Zwiebeln, Oliven oder Mais.

Pide

4 Stück

2 dl	Wasser, lauwarm
15 g	frische Hefe
½ TL	Rohzucker
500 g	Mehl
1 EL	Salz
2 EL	Naturejoghurt
2 EL	Olivenöl
1	Zwiebel
1	Knoblauchzehe
½ Bund	Petersilie
2	Tomaten
250 g	Sojagehacktes
5 EL	Olivenöl
3 EL	Tomatenpüree
2 TL	Paprika, edelsüss
	Salz, Pfeffer
1	Ei
1 EL	Olivenöl

Den Ofen auf 230 °C Ober- und Unterhitze vorheizen.

Teig In einer Schüssel 1 dl Wasser mit Hefe und Zucker verrühren und an einem warmen Ort zehn Minuten stehen lassen.

Mehl und Salz in eine grosse Schüssel geben und in der Mitte eine Mulde bilden, die Hefemischung, das Joghurt, das Öl und das restliche Wasser zum Mehl geben, mischen und ca. zehn Minuten zu einem geschmeidigen Teig kneten.

Teig in eine Schüssel geben, mit einem Küchentuch abdecken und an einem warmen Ort 45–60 Minuten aufgehen lassen, bis sich sein Volumen verdoppelt hat.

Belag Zwiebel und Knoblauch schälen und mit der Petersilie fein hacken. Tomatenstrünke entfernen und Tomaten in kleine Würfel schneiden.

Zwiebel, Knoblauch, Petersilie, Tomaten, Sojagehacktes, Öl, Tomatenpüree und Paprika in einer Schüssel gut vermischen. Mit Salz und Pfeffer würzen.

Teig kurz durchkneten, in vier Portionen teilen und dünne Ovale formen. Auf ein mit Backpapier belegtes Blech legen, abgedeckt nochmals 30 Minuten aufgehen lassen.

Füllung auf den Teigstücken verteilen, dabei jeweils am Rand 1 cm frei lassen. Den Rand auf den langen Seiten ca. 1–2 cm über die Füllung klappen, die spitzen Enden leicht zusammendrücken.

Ei und Öl in einer Schüssel verrühren, die Aussenseite des Pide damit bestreichen. Pide bei 230 °C ca. 10–15 Minuten goldbraun backen.

Vegi-Schnitzelbrot

4	Sandwiches

6 EL	Ketchup
1 EL	Senf
1 EL	Tamari-Sojasauce
1 Prise	Chili, gemahlen
½ TL	Madras-Curry
1 TL	Salz
1 EL	Rohzucker
500 g	Tofu
100 g	Mehl
2	Eier
150 g	Paniermehl
3 EL	Öl
4	Ciabatta-Brötchen
4 Blätter	Friséesalat
4 EL	Mayonnaise, Tatar- oder Cocktailsauce (Seite 133)

Marinade Alle Zutaten in einer kleinen Schüssel gut verrühren. Tofu in vier Scheiben schneiden, mit der Marinade einpinseln, 30 Minuten marinieren.

Panade Drei Suppenteller bereitstellen: den ersten mit Mehl, den zweiten mit verquirlten Eiern, den dritten mit Paniermehl.

Tofuscheiben aus der Marinade nehmen, überschüssige Marinade abstreifen und in der vorgegebenen Reihenfolge panieren, Paniermehl gut andrücken.

Öl in der Bratpfanne erhitzen. Tofuschnitzel rundum goldbraun braten. Kurz auf einem Haushaltspapier entfetten.

Ciabatta-Brötchen halbieren und toasten. Mit dem gewünschten Aufstrich bestreichen, mit Salatblättern und Tofuschnitzeln belegen, zuklappen und geniessen.

Vegi-Schnitzelbrot
Seite 95

Tandoori-Sandwich
Seite 98

Club-Sandwich
Seite 97

Club-Sandwich

4	Sandwiches	

4	Quornschnitzel nature à 60 g	Quornschnitzel längs halbieren. 2 EL Öl in einer Bratpfanne erhitzen, Quornschnitzel anbraten, herausnehmen, mit Salz und Pfeffer würzen.
4 EL	Sonnenblumenöl	
	Salz, Pfeffer	
4	Eier	Restliches Öl in der Bratpfanne erhitzen. Eier darin zu Spiegeleiern braten, mit Salz und Pfeffer würzen.
60 g	Eisbergsalat	Eisbergsalat waschen, trockenschleudern, in mundgerechte Stücke zupfen. Avocado halbieren, Schale entfernen. Tomatenstrünke entfernen, Tomaten, Avocadofruchtfleisch und Essiggurken in dünne Scheiben schneiden.
2	Tomaten	
½	Avocado	
4	Essiggurken	
12 Scheiben	Vollkorntoast	Vollkorntoast-Scheiben toasten. Drei Toastscheiben nebeneinanderlegen und mit Cocktailsauce bestreichen. Cole Slaw auf die ersten zwei Toastscheiben verteilen. Erste Toastscheibe mit Eisbergsalat, je zwei Scheiben Tomaten und Quorn sowie einer Essiggurkenscheibe belegen. Zweite Toastscheibe mit einem Spiegelei und zwei Avocadoscheiben belegen. Erste und zweite Toastscheibe aufeinanderlegen und mit der dritten Toastscheibe bedecken. Für die restlichen Club-Sandwiches ebenso vorgehen.
200 g	Cocktailsauce (Seite 133)	
200 g	Cole Slaw (Seite 190)	
8	Cherrytomaten	Je eine Cherrytomate auf einen Holzspiess aufspiessen. Club-Sandwiches diagonal halbieren, Spiesse in die Hälften der Sandwiches stecken.
8	Holzspiesse	

Tipp

Alternativ zu Quorn kann auch Räuchertofu verwendet werden. Wenn zusätzlich die Spiegeleier weggelassen werden, ist das Club-Sandwich vegan.

Tandoori-Sandwich

4 Sandwiches

300 g	Naturejoghurt
70 g	Tandoori-Masala-Gewürzmischung
1	Zitrone, frisch gepresster Saft
1 TL	Paprika, edelsüss
4	Quornschnitzel nature à 60 g
4	kleine Fladenbrote (Seite 314)
120 g	Mango-Apfel-Chutney (Seite 123)
8 Blätter	Eisbergsalat
4 TL	Mangopulpe (pürierte Mango)

Backofen auf 180 °C Ober- und Unterhitze vorheizen.

Tandoori-Marinade Alle Zutaten in einer Schüssel verrühren.

Quornschnitzel in die Schüssel geben, mit der Marinade mischen und 30 Minuten marinieren.

Schnitzel aus der Marinade nehmen, auf ein mit Backpapier belegtes Blech legen und im Ofen bei 180 °C 15 Minuten backen.

Fladenbrote längs halbieren. Je 2 EL Mango-Apfel-Chutney auf den unteren Brothälften verstreichen, mit je zwei Blättern Eisbergsalat belegen. Mangopulpe auf den oberen Brothälften verstreichen.

Gebackene Tandoori-Schnitzel längs halbieren. Je zwei Stück auf den Eisbergsalat legen. Obere Brothälften darüberklappen.

Tipp

Anstatt Eisbergsalat kann ein beliebiger saisonaler Blattsalat verwendet werden.
Wer mag, kann zusätzlich noch gehackten Koriander und gehackte Minze auf den Quornscheiben verteilen. Die Füllung schmeckt auch im Ciabatta-, Sauerteig- oder Pitabrot.

Onion Rings

4	Portionen	

2	grosse Zwiebeln
75 g	Mehl
1 EL	Maizena
1 Prise	Paprika, edelsüss
½ TL	Backpulver
1 Prise	Pfeffer
1 TL	Salz
½ TL	Rohzucker
1½ dl	Milch
1	Ei
5 dl	Öl

Zwiebeln schälen, in 1,5 cm breite Ringe schneiden.

Mehl, Maizena, Paprika, Backpulver, Pfeffer, Salz und Zucker in einer Schüssel mischen, in der Mitte eine Mulde formen. Milch und Ei in die Mulde geben, verquirlen. Mehlgemisch von der Mitte aus zu einem glatten Teig verrühren, zehn Minuten ruhen lassen.

Öl in einem Topf auf hoher Stufe erhitzen. Zwiebelringe durch den Teig ziehen, sofort vorsichtig ins heisse Öl geben, goldbraun ausbacken. Kurz auf einem Haushaltspapier entfetten.

Tipp

Die Onions Rings schmecken sehr gut mit einem feinen Dip wie Cocktailsauce (Seite 133) oder pur beträufelt mit etwas frisch gepresstem Zitronensaft.

Kebab

4	Sandwiches	

Seitan mit dem Sparschäler in dünne Streifen schneiden, in einer Schüssel mit den Gewürzen mischen, zehn Minuten marinieren.

400 g	Seitan am Stück
2 Msp.	Koriander, gemahlen
2 Msp.	Kreuzkümmel, gemahlen
1–2 Msp.	Zahtar
1 EL	Paprika, edelsüss

Zwiebel schälen, in dünne Scheiben schneiden.

½	Zwiebel

Tomatenstrünke entfernen, Gurke schälen, beides in 5 mm dicke Scheiben schneiden. Kabis fein raffeln.

2	Tomaten
½	Gurke
½	Weiss- oder Rotkabis

Öl in einer Bratpfanne erhitzen. Seitan darin unter regelmässigem Wenden kurz auf hoher Stufe anbraten. Mit Salz und Pfeffer würzen.

2 EL	Öl
	Salz, Pfeffer aus der Mühle

Brottaschen toasten, Hälften auseinanderklappen. Brotinnenseiten mit Auberginen-Minze-Creme bestreichen, Seitan auf der unteren Hälfte der Brote verteilen, darauf die Tomaten-, Gurken- und Zwiebelscheiben und die Kabisstreifen geben und die Brotdeckel aufsetzen.

4	Pita-Brottaschen
4 EL	Auberginen-Minze-Creme (Seite 130)

Tipp

Anstatt Auberginen-Minze-Creme kann auch normale oder vegane Mayonnaise (Seite 136) oder Cocktailsauce (Seite 133) verwendet werden. Wer es scharf mag, würzt zusätzlich mit Sambal Oelek oder Harissa. Zahtar ist eine traditionelle Gewürzmischung aus der nordafrikanischen Küche.

Kebab
Seite 100

Ingwer-Raita
Seite 123

Mango-Apfel-Chutney
Seite 123

Pakoras
Seite 104

Kokos-Chutney
Seite 125

Dattel-Chutney
Seite 124

Samosas
Seite 105

Dushin Rothli
Seite 106

Randen-Cutlets

16	Stück	

400 g	Randen
2	Kartoffeln, mehligkochend

1,5 l Wasser in einer Pfanne aufkochen und 1 TL Salz zugeben. Randen und Kartoffeln schälen, in ca. 1 cm grosse Stücke schneiden.

Randen und Kartoffeln ins kochende Salzwasser geben und 15–20 Minuten weichkochen. Abgiessen und leicht abkühlen lassen, dann mit dem Kartoffelstampfer in der Pfanne zerdrücken.

1	Zwiebel
1	baumnussgrosses Stück frischer Ingwer
50 g	Cashewkerne
4 Zweige	Koriander
50 g	Erbsen
1 TL	Kurkuma
2 TL	Koriander, gemahlen
2 TL	Madras-Curry
1 TL	Zimt
100 g	Kichererbsenmehl
½ TL	Salz
1 Prise	Pfeffer

Zwiebel und Ingwer schälen, mit Cashewkernen und Koriander fein hacken. Mit den restlichen Zutaten zu den Randen und den Kartoffeln geben, alles gut vermischen.

Die Masse mit angefeuchteten Händen zu Kugeln formen, leicht plattdrücken.

2–3 EL	Öl

Öl in der Bratpfanne erhitzen. Randen-Cutlets darin goldbraun braten. Kurz auf einem Haushaltspapier entfetten.

Tipp

Die Randen-Cutlets schmecken warm und kalt und zu Mango-Apfel-Chutney (Seite 123).

Pakoras

20	Stück	⏱ 🍴 🌱

1	Karotte	
1	Kohlrabi	
1	Zucchetti	

Karotte und Kohlrabi schälen, mit der Zucchetti nacheinander an der Röstiraffel in eine Schüssel reiben. Mit Salz bestreuen und 15 Minuten stehen lassen. Gemüse gut ausdrücken, Flüssigkeit abgiessen.

100 g	Kichererbsenmehl
40 g	Halbweissmehl
2 TL	Backpulver
1 Prise	Muskatnuss
1 Prise	Zimt
2 Prisen	Madras-Curry
½ TL	Koriander, gemahlen
2 dl	Wasser
	Salz, Pfeffer

In einer Schüssel Kichererbsenmehl, Mehl, Backpulver und alle Gewürze mischen. Wasser nach und nach von der Mitte her einrühren, bis ein dickflüssiger Teig entsteht.
Teig 15 Minuten stehen lassen.

Gemüse zum Teig geben, alles gut umrühren, mit Salz und Pfeffer würzen.

4 EL	Öl

Öl in einer Bratpfanne erhitzen. Aus je 1 EL Teig portionsweise die Küchlein rundum goldbraun braten. Kurz auf einem Haushaltspapier entfetten.

Tipp

Pakoras schmecken warm oder kalt und passen zum Dattel-Chutney (Seite 124). Pakoras gehören zum indischen Streetfood und bezeichnen allerlei Arten von Gemüseküchlein.

Samosas

25	Stück

625 g	Weissmehl
125 g	Margarine
1 Prise	Salz
2,5 dl	Wasser, lauwarm
350 g	Kartoffeln
2 EL	Öl
1 TL	Fenchelsamen
3 TL	schwarze Senfsamen
1	Knoblauchzehe
10	Curryblätter, getrocknet
2 TL	Garam Masala
1 TL	Kurkuma
1 dl	Wasser
	Salz, Pfeffer

Backofen auf 190 °C Ober- und Unterhitze vorheizen.

Teig Mehl, Margarine und Salz in einer Schüssel von Hand verreiben. In die Mitte eine Vertiefung eindrücken, Wasser hineingeben. Vom Rand her zu einem Teig zusammenfügen, sorgfältig kneten. Eine Stunde zugedeckt ruhen lassen.

Füllung Kartoffeln schälen, in 5 mm dicke Würfel schneiden. Im Salzwasser 20 Minuten weichkochen, abgiessen.

Öl auf mittlerer Stufe in einer Bratpfanne erhitzen. Fenchel- und Senfsamen darin anrösten.

Knoblauch schälen und fein hacken, mit den Kartoffelwürfeln zu den Fenchel- und Senfsamen geben und mitdünsten. Restliche Gewürze ebenfalls zugeben, kurz mitdünsten, mit Wasser ablöschen. Mit Salz und Pfeffer würzen.

Teig auf der leicht bemehlten Arbeitsfläche 2–3 mm dünn auswallen, in gleich grosse Quadrate von ca. 8 cm Grösse schneiden. Je etwas Füllung in die Mitte setzen, Teigränder mit Wasser bestreichen und über der Füllung zu Dreiecken falten, Ränder mit einer Gabel fest andrücken.

Samosas auf ein mit Backpapier belegtes Backblech legen, mit Wasser bestreichen. Bei 190 °C 15 Minuten backen.

Tipp

Ingwer-Raita (Seite 123) schmeckt gut zu den Samosas.

Dushin Rothli

12	Stück	⏱ 🍴 🌱

1½	Zucchetti	Zucchetti an der Röstiraffel in eine Schüssel reiben. Leicht salzen, gut mischen, zehn Minuten stehen lassen.
	Salz	
		Zucchetti von Hand gut ausdrücken, Flüssigkeit abgiessen.
4 EL	Ruchmehl	Alle weiteren Zutaten zugeben, gut vermischen, mit Salz und Pfeffer würzen. Masse von Hand zu zwölf kleinen Plätzchen formen.
1 Prise	Muskatnuss	
1 TL	Kreuzkümmelsamen	
2 TL	Rohzucker	
	Salz, Pfeffer	
2 EL	Öl	Öl in einer Bratpfanne auf mittlerer Stufe erhitzen. Dushin Rothli darin portionsweise rundum goldgelb braten. Kurz auf einem Haushaltspapier entfetten.

Tipp

In Indien werden die Plätzchen zur Hälfte mit Ruchmehl und zur Hälfte mit Gelberbsenmehl zubereitet, was ihnen einen besonderen Geschmack verleiht.
Dushin Rothli schmecken warm und kalt, besonders gut zum Kokos-Chutney (Seite 125).

Falafel

25	Stück	

250 g	getrocknete Kichererbsen	Kichererbsen über Nacht in der dreifachen Menge kalten Wassers einweichen.
		Kichererbsen abgiessen, in frischem Wasser ohne Salz ca. 45–60 Minuten weichkochen. Abgiessen, abtropfen lassen.
1	Zwiebel	Zwiebel und Knoblauch schälen, mit Petersilie und Koriander fein hacken. Zusammen mit den abgetropften Kichererbsen mit dem Stabmixer pürieren.
1	Knoblauchzehe	
3 Bund	Petersilie	
2 Bund	Koriander	
2 TL	Koriander, gemahlen	Gemahlene Gewürze, Mehl, Backpulver und Wasser zugeben, mit Salz und Pfeffer würzen. Anschliessend nochmals kurz pürieren, bis eine sämige Masse entsteht. Masse von Hand zu baumnussgrossen Bällchen formen.
2 Prisen	Kreuzkümmel, gemahlen	
100 g	Mehl	
1 TL	Backpulver	
2 EL	Wasser	
	Salz, Pfeffer	
3 EL	Öl	Öl in einer Bratpfanne erhitzen, Falafel darin rundum goldbraun braten. Kurz auf einem Haushaltspapier entfetten.

Tipp

Wenn es schneller gehen muss, 600 g Kichererbsen aus der Dose verwenden. Falafel mit Hummus (Seite 131) oder einem Joghurt-Dip servieren.

Quiche Lorraine
Seite 109

Quiche Lorraine

1	runde Quicheform (Ø ca. 28 cm)

Backofen auf 180 °C Ober- und Unterhitze vorheizen.

	Butter

Die Quicheform mit der Butter einfetten.

250 g	Mehl
1	Ei
160 g	Butter, in Flocken
1 Prise	Salz

Mehl in eine Rührschüssel geben. Das Ei aufschlagen und mit den Butterflocken und dem Salz hinzugeben. Mit dem Handmixer zu einem Teig verkneten. Den Teig in Frischhaltefolie wickeln und für 30 Minuten kaltstellen.

100 g	Räuchertofu
1	Lauchstange
2 EL	Olivenöl

Den Räuchertofu klein würfeln. Lauch längs halbieren und schräg in dünne Streifen schneiden. Das Öl in einer Bratpfanne erhitzen. Lauch und Tofu bei mittlerer Hitze fünf Minuten anbraten, dann auf Haushaltspapier entfetten.

4	Eier
2,5 dl	Rahm
	Salz, Pfeffer

Eier und Rahm in einer Schüssel verquirlen, Lauch und Tofu unterrühren, mit Salz und Pfeffer kräftig abschmecken.

Den Mürbeteig mit einem Wallholz auf einer leicht bemehlten Arbeitsfläche rund ausrollen, dann in die gefettete Quicheform legen und festdrücken, dabei einen kleinen Rand hochziehen.

Die Füllung auf dem Teig verteilen und bei 180 °C ca. 35 Minuten backen.

Schmeckt warm oder kalt.

Tipp

Den Teig direkt aus dem Kühlschrank verarbeiten. Wenn er zu warm wird, klebt er am Wallholz und lässt sich nicht mehr gut in die Form legen. Zur Quiche passt ein gemischter Salat.

Uramaki
Seite 112

Hosomaki
Seite 116

Sushi-Reis

4	Portionen

250 g	Sushi-Reis
3,3 dl	Wasser

Sushi-Reis in einem Sieb unter fliessendem kaltem Wasser abspülen, bis das Wasser klar bleibt. Mit dem Wasser in eine Pfanne geben, 30 Minuten einweichen.

Reis samt Einweichwasser in der Pfanne aufkochen, zehn Minuten auf mittlerer Stufe kochen lassen. Herd ausschalten, Reis in der Pfanne mit geschlossenem Deckel 20 Minuten auf der warmen Herdplatte stehen lassen.

6 EL	Reisessig
2 EL	Zucker
1 TL	Salz

Reisessig, Zucker und Salz in einer kleinen Pfanne erwärmen, aber nicht aufkochen, abkühlen lassen. Würzessig zum Reis geben, vorsichtig einarbeiten. Reis bis zur weiteren Verwendung mit einem feuchten Tuch abdecken.

Tipp

Die angegebene Reismenge ergibt etwa 500 g gekochten Sushi-Reis.

Uramaki

Ergibt 2 Rollen à 6 Stück
Zutaten: ¼ Mango, ½ Avocado, 1 Salatgurke, 4 EL Sesamsamen, 1 EL vegane Mayonnaise (Seite 136), 2 Noriblätter, 250 g Sushi-Reis

1 Mango schälen, Avocado halbieren, aus der Schale lösen. Fruchtfleisch der Mango und der Avocado in 5 mm breite Streifen schneiden. Ein Stück Gurke (ca. 10 cm) längs halbieren, Kerne herausschaben, in 5 mm dicke Stifte schneiden. Sesam in einer Bratpfanne ohne Fett kurz anrösten, beiseitestellen.
Sushi-Matte mit Frischhaltefolie umwickeln, ein Noriblatt mit glatter Seite nach unten darauflegen, kürzere Seite des Noriblatts am unteren Rand der Matte platzieren.

2 125 g zubereiteter Sushi-Reis gleichmässig darauf verteilen, leicht andrücken und vorsichtig umdrehen, sodass der Reis auf der Folie liegt.

3 Auf das untere Drittel des Noriblattes ½ EL Mayonnaise verstreichen, darauf die Hälfte der Mangostreifen, Gurkenstifte und Avocadostreifen jeweils bis ganz an die Ränder links und rechts legen.

4 Unteres Ende der Bambusmatte über die Füllung klappen. Rolle heranziehen, etwas festdrücken. Matte entfernen, Rolle weiterrollen. Aus den restlichen Zutaten eine zweite Rolle formen.

5 Sushi-Rollen im gerösteten Sesam wenden.

6 Mit einem befeuchteten Messer halbieren, beide Hälften in drei Stücke schneiden. Mit Sojasauce, Ingwer und Wasabi servieren.

Vietnamesische Glücksrollen

Ergibt ca. 20 Stück
Zutaten: 100 g Glasnudeln, 300 g Tofu, 1 Schalotte, 1 Knoblauchzehe, 100 g Karotten, ½ Bund Koriander, 60 g Erdnüsse, 1 EL Öl, 1 TL Madras-Curry, 2 TL Rohzucker, 8 TL Sojasauce, 4 TL Reisessig, 2 TL Limettensaft, Pfeffer, 20 Blatt Reispapier (Ø 22 cm)

1 Glasnudeln in kochendem Wasser ohne Salz garkochen, abgiessen, kalt abbrausen und in ca. 4 cm lange Stücke schneiden. Tofu in dünne Streifen schneiden, Schalotte und Knoblauchzehe schälen, fein hacken. Karotten schälen und raffeln, Erdnüsse grob hacken, beiseitestellen. Öl auf mittlerer Stufe in einer Bratpfanne erhitzen. Tofu, Schalotte und Knoblauch darin andünsten. Curry und Zucker zugeben und kurz mitbraten. Sojasauce und Reisessig zugeben. Weiter einkochen, bis die Flüssigkeit fast verdampft ist. In eine Schüssel geben und mit den kalten Glasnudeln mischen. Mit Limettensaft und Pfeffer würzen.

2 Ein sauberes, feuchtes Geschirrtuch auslegen und eine grosse Schüssel mit lauwarmem Wasser bereitstellen. Jeweils ein Reispapier ins Wasser tauchen, bis es flexibler wird, aber noch nicht so weich ist, dass es reisst. Auf das feuchte Geschirrtuch legen.

3 In der Mitte einen horizontalen Streifen von ca. 10 cm Breite mit Korianderzweigen belegen. Dabei oben einen Rand von 2 cm, unten einen Rand von 5 cm frei lassen. Einige Karottenraspel auf den Koriander streuen. Den unteren Rand dieses Streifens jetzt mit Sprossen und ca. 1 EL von der Tofu-Schalotten-Mischung und 1 TL gehackten Erdnüssen belegen.

4 Die Seiten des Reispapiers etwas zur Mitte hin einschlagen, den unteren Rand ca. 5 cm nach oben umklappen.

5 Von unten her aufrollen.

6 Mit Glücksrollen-Dip (Seite 132) servieren.

Hosomaki

2	Rollen à 6 Stück	

1 EL	Öl	Öl in einer Bratpfanne erhitzen, Spinat zugeben und kurz dünsten, bis er zusammenfällt.
150 g	Babyspinat	
2 EL	Gemüsebouillon (Seite 153)	Bouillon, Birnel und Sojasauce zugeben, aufkochen und auf mittlerer Stufe 2–3 Minuten köcheln lassen. Mit Salz und Pfeffer würzen, auskühlen lassen.
1 EL	Birnel	
2 EL	Tamari-Sojasauce	
	Salz, Pfeffer	
1 EL	Sesamsamen	Sesam in einer Bratpfanne ohne Fett kurz anrösten und beiseitestellen. Räuchertofu in 5 mm breite Stäbchen schneiden.
50 g	Räuchertofu	
1	Noriblatt	Noriblatt halbieren, mit glatter Seite nach unten auf die Bambusmatte legen, die kürzere Seite des Noriblatts am unteren Rand der Matte platzieren. Die Hälfte vom Sushi-Reis gleichmässig darauf verteilen, dabei am unteren Rand 5 mm, am oberen Rand 1,5 cm frei lassen.
160 g	zubereiteter Sushi-Reis	
1	Sushi-Bambusmatte	
1 TL	Wasabipaste	Die Hälfte der Wasabipaste in der Mitte von rechts nach links auf den Reis streichen. Darauf die Hälfte des gedünsteten Spinats, die Hälfte der Räuchertofustreifen und die Hälfte des gerösteten Sesams verteilen.

Unteres Ende der Bambusmatte über die Füllung bis zum Rand des Sushi-Reises klappen. Rolle heranziehen, etwas festdrücken. Matte entfernen, Rolle weiterrollen.

Rolle mit einem befeuchteten Messer halbieren, beide Hälften in drei Stücke schneiden. Zweite Rolle ebenso herstellen.

Tipp

Nori sind essbare Algen, die als getrocknete Blätter erhältlich sind. Sie werden für Sushi sowie als Einlage in asiatischen Suppen verwendet.

Saucen
Dips
Chutneys

Grüne Thai-Currypaste

280	g	

1	Schalotte
12	Knoblauchzehen
80 g	grüne Chilis, je nach Grösse ca. 20–40 Stück
2 cm	Galgantwurzel
10	Kaffir-Limetten-Blätter
2	Limetten, Zesten
1½ TL	Koriander, gemahlen
½ TL	Kreuzkümmel, gemahlen
½ TL	schwarzer Pfeffer
¾ TL	Kurkuma
1 EL	Salz
1,2 dl	Öl

Schalotte und Knoblauch schälen, mit Chilis und Galgant grob hacken. Mittelrippe der Limettenblätter entfernen, Blätter grob hacken.

Alle Zutaten in ein hohes Gefäss geben und mit dem Stabmixer zu einer feinen Paste pürieren.

Tipp

In einem Schraubglas mit Öl bedeckt ist die Paste vier Wochen im Kühlschrank haltbar. Sie lässt sich auch einfrieren.

Rote Thai-Currypaste

270	g	

1	Schalotte
120 g	rote Peperoncini
2	kleine rote Chilis
1 cm	Galgantwurzel
½ Bund	Koriander
5	Kaffir-Limetten-Blätter
1	Zitronengrasstängel
¼ TL	Koriander, gemahlen
¼ TL	Kreuzkümmel, gemahlen
¼ TL	schwarzer Pfeffer
¼ TL	Muskatnuss
1 TL	Salz
½ dl	Öl

Schalotte schälen, mit Peperoncini, Chilis, Galgant und Koriander grob hacken. Mittelrippe der Limettenblätter entfernen, Blätter grob hacken. Unteres Drittel vom Zitronengrasstängel fein hacken.

Alle Zutaten in ein hohes Gefäss geben und mit dem Stabmixer zu einer feinen Paste pürieren.

Tipp

In einem Schraubglas mit Öl bedeckt ist die Paste vier Wochen im Kühlschrank haltbar. Sie lässt sich auch einfrieren.

Rote Thai-Currypaste
Seite 118

Grüne Thai-Currypaste
Seite 118

Favabohnen-Mus

350 g

½	Zwiebel
1 TL	Kurkuma
½ Prise	Chili, gemahlen
½ TL	Koriander, gemahlen
1 EL	Zitronensaft, frisch gepresst
1 EL	Olivenöl
7 EL	Wasser
200 g	Favabohnen, gekocht
	Salz, Pfeffer

Die Zwiebel schälen, fein hacken und mit den Gewürzen, dem Zitronensaft, dem Öl, dem Wasser und den Favabohnen in einem hohen Gefäss mit dem Stabmixer fein pürieren, mit Salz und Pfeffer abschmecken.

1 EL schwarze Sesamsamen

Das Mus in einer Schüssel anrichten und mit den Sesamsamen bestreuen.

Tipp

Anstatt schwarzer kann auch weisser Sesam verwendet werden.

Currysauce

750	g	

1	Zwiebel	
1 EL	Öl	
1 TL	Tomatenpüree	
1 EL	Kokosraspel	
1½ TL	Madras-Curry	
1 Msp.	Kardamom, gemahlen	
¼ TL	Koriander, gemahlen	
½ TL	Rohzucker	
3 dl	Wasser	
300 g	Ketchup	
	Salz	

Zwiebel schälen, in Ringe schneiden. Öl in einer Bratpfanne erhitzen, Zwiebeln darin auf mittlerer Stufe zehn Minuten dünsten.

Tomatenpüree, Kokosraspel, Gewürze, Zucker und Wasser zugeben. Sauce 30 Minuten köcheln lassen, gelegentlich umrühren.

Alles mit dem Stabmixer pürieren, Ketchup zugeben und mit Salz würzen.

Tipp

Die optimale Sauce zur vegetarischen Currywurst.

Sweet-Chili-Sauce

250	g	
1	baumnussgrosses Stück frischer Ingwer	Ingwer fein hacken, mit Wasser, Apfelessig und Zucker in eine Pfanne geben und aufkochen.
1 dl	Wasser	
3 EL	Apfelessig	
80 g	Zucker	
1 TL	Maizena	Maizena mit 2 EL kaltem Wasser anrühren, zugeben und umrühren. Sauce 5–10 Minuten auf kleiner Stufe einkochen lassen.
2 EL	Sambal Oelek	Sambal Oelek zugeben, zwei Minuten kochen, abkühlen lassen.

Tipp

Die Sweet-Chili-Sauce hält sich in einem Schraubglas im Kühlschrank mehrere Wochen. Je weniger Sambal Oelek verwendet wird, desto weniger pikant ist die Sauce.

Ingwer-Raita

550 g

¼	Gurke
1	baumnussgrosses Stück frischer Ingwer
4 Zweige	Koriander
350 g	Naturejoghurt
½ TL	Kreuzkümmel, gemahlen
1 TL	Zitronensaft, frisch gepresst
1 TL	Rohzucker
	Salz

Gurke und Ingwer in sehr kleine Würfel schneiden, Koriander fein hacken. Mit den restlichen Zutaten in eine Schüssel geben und verrühren, mit Salz würzen.

Tipp

Ingwer-Raita schmeckt erfrischend zu indischem Fingerfood (Seiten 104 und 106). Für einen Dip zu orientalischen Spezialitäten einfach zusätzlich einige Zweige gehackte Minze und 2–3 EL Granatapfelkerne unterrühren.

Mango-Apfel-Chutney

450 g

1 dl	Most
0,8 dl	Apfelessig
1	Zimtstange
½ TL	Koriander, gemahlen
2 Prisen	Kurkuma
1 TL	Ingwer, gemahlen
1 TL	Rohzucker
½ TL	Salz

Most, Essig, Gewürze, Zucker und Salz in einer Pfanne mischen und aufkochen.

2	Äpfel

Äpfel schälen, vierteln, Kerngehäuse entfernen, Apfelviertel in 1 cm grosse Würfel schneiden. Zum Essig geben und weichkochen.

180 g	Mangopulpe (pürierte Mango)

Mangopulpe zugeben, alles mischen und abkühlen lassen.

Dattel-Chutney

350	g	
1	Zwiebel	
1	grüne Chili	
100 g	Datteln, entsteint	
2 EL	Sultaninen	
½ Bund	Koriander	
1	baumnussgrosses Stück frischer Ingwer	
2 EL	Tomatenpüree	
3 EL	Zitronensaft, frisch gepresst	
2 EL	Rohzucker	
½ TL	Kreuzkümmel, gemahlen	
½ TL	Salz	

Zwiebel schälen, Chili halbieren und entkernen. Beides mit den Datteln, Sultaninen und dem Koriander fein hacken und in eine Schüssel geben.

Ingwer an der Raffel dazureiben. Tomatenpüree, Zitronensaft, Zucker, Kreuzkümmel und Salz zugeben und alles vermischen.

Tipp

Das Dattel-Chutney in ein Schraubglas geben. Im Kühlschrank hält es sich ca. zwei Wochen.

Kokos-Chutney

400	g	

80 g	Kokosraspel
2,5 dl	Wasser
1 EL	Zitronensaft, frisch gepresst
½	Zwiebel
½	grüner Peperoncino
1 EL	Öl
¼ TL	Senfsamen
¼ Bund	Koriander
1 Prise	Salz
1 Prise	Rohzucker

Kokosraspel, Wasser und Zitronensaft zehn Minuten in einer Schüssel einweichen.

Zwiebel schälen, Peperoncino halbieren, entkernen und mit der Zwiebel fein hacken.

Öl in einer Bratpfanne erhitzen und Zwiebel, Peperoncino und Senfsamen darin auf mittlerer Stufe dünsten.

Koriander fein hacken, mit Zwiebelmischung und eingeweichten Kokosraspeln mischen. Mit Salz und Zucker würzen.

Tipp

In einem Schraubglas hält sich das Kokos-Chutney im Kühlschrank zwei Tage. Wer es nicht scharf mag, lässt den Peperoncino und die Zwiebel weg.

Typisches Burek

Unser Bayram-Festessen im Irak

«Die Erinnerung an das gemeinsame Essen mit meiner Familie ist das Schönste, was es für mich gibt! Am liebsten mag ich das Essen meiner Mama, speziell wenn sie es frisch serviert, so wie das Festtagsessen zum Feiertag Bayram. Dieses Essen ist die Spezialität meiner Mutter. Da meine Familie Ramadan macht, essen wir einen Monat lang nur sehr wenig, die meiste Zeit sind wir am Fasten. Bayram ist der Abschluss der Fastenzeit, wir werden mit diesem Fest für unsere Entbehrungen belohnt. An diesem Tag bereitet die ganze Familie während Stunden das Essen vor. Als ich klein war, schlich ich mich immer wieder in die Küche, schaute in die Töpfe und sog die wunderbaren Düfte ein. Ich wurde aber natürlich immer hinausgeschickt, wenn ich erwischt wurde. Dafür durfte ich jeweils als Erster das Essen probieren. Sobald das Essen bereit war, packten wir alles ins Auto und fuhren zum Fluss, der durch unser kleines Dorf nahe von Bagdad fliesst. Dort angekommen, bereiteten wir alles vor und warteten auf die anderen Bewohner des Dorfes. Mein Dorf ist sehr klein, deswegen kannten wir uns alle. Und alle, wirklich alle, kamen jeweils an diesem Feiertag zur selben Zeit zum Fluss. Jede Familie hatte sich wie wir vorbereitet und brachte besondere Gerichte nach alten Rezepten der Vorfahren mit. Es wurde gegessen, getanzt und gespielt, die ganze Nacht lang. Ich habe gegessen und gegessen, ich konnte gar nicht aufhören, all die leckeren Speisen boten einen so schönen Anblick. Die besten Gerichte waren Burek, Dolme, Baklawa, Pitte, Kubbe, Falafel, Biriani, Tepsi und Couscous. Fast jedes Jahr schlief ich jeweils kurz vor dem Ende des Fests unter den Sternen ein, glücklich und selig über einen wunderbaren Abend mit meiner Familie, den Verwandten, Bekannten – und ehrlicherweise auch einfach, weil ich so voll war von all den Schlemmereien…»

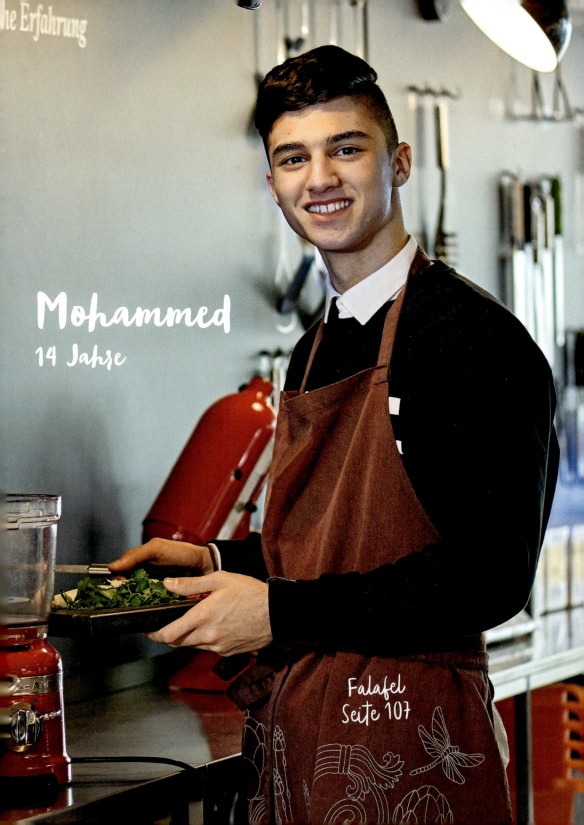

Baba Ganoush

500 g		
2	Auberginen	Backofen auf 200 °C Ober- und Unterhitze vorheizen. Auberginen mit einer Gabel mehrmals einstechen, auf ein mit Backpapier belegtes Blech legen und bei 200 °C 60 Minuten backen, abkühlen lassen.
½ Bund	Koriander	Koriander grob hacken, Granatapfelkerne auslösen.
½	Granatapfel	
2 EL	Zitronensaft, frisch gepresst	Abgekühlte Auberginen längs halbieren, das Innere mit einem Suppenlöffel auskratzen und in ein hohes Gefäss geben.
60 g	Sesampaste	Koriander, Zitronensaft, Sesampaste und Kreuzkümmel zugeben und mit dem Stabmixer pürieren. Mit Salz und Pfeffer würzen. Baba Ganoush mit den Granatapfelkernen bestreut servieren.
½ TL	Kreuzkümmel, gemahlen	
	Salz, Pfeffer	

Tipp

In den orientalischen Ländern zählt der Granatapfel zu den beliebtesten Früchten. Sein Saft gibt Gerichten eine süss-säuerliche Note, und die Kerne werden als farbenfrohe Garnitur verwendet.

Auberginen-Minze-Creme

500	g	
2	Auberginen	Backofen auf 200 °C Ober- und Unterhitze vorheizen.
		Auberginen mit einer Gabel mehrmals einstechen, auf ein mit Backpapier belegtes Blech legen und bei 200 °C 60 Minuten backen, abkühlen lassen.
1	Knoblauchzehe	Knoblauch schälen, mit der Minze fein hacken. Feta mit einer Gabel zerdrücken.
2 Zweige	Minze	
200 g	Feta	Abgekühlte Auberginen längs halbieren, das Innere mit einem Suppenlöffel auskratzen und in ein hohes Gefäss geben.
2 EL	Olivenöl, kalt gepresst	Knoblauch, Öl und Zitronensaft zugeben und mit dem Stabmixer pürieren.
2 EL	Zitronensaft, frisch gepresst	
	Salz, Pfeffer	Feta und gehackte Minze unterrühren, mit Salz und Pfeffer würzen.

Hummus

400 g		

200 g	Kichererbsen, gekocht
1	Knoblauchzehe
70 g	Sesampaste
1 EL	Zitronensaft, frisch gepresst
1 dl	Wasser
½ TL	Paprika, edelsüss
½ TL	Koriander, gemahlen
	Salz, Pfeffer

Kichererbsen mit Knoblauch, Sesampaste, Zitronensaft, Wasser, Paprika und Koriander in ein hohes Gefäss geben. Mit dem Stabmixer fein pürieren und mit Salz und Pfeffer würzen.

1 EL	Olivenöl, kalt gepresst
2 Zweige	Petersilie, abgezupfte Blätter

Zum Servieren den Hummus mit Öl beträufeln und mit den Petersilienblättern garnieren.

Tipp

200 g gekochte Kichererbsen entsprechen ca. 70 g rohen Kichererbsen.
Für geschmackliche und optische Abwechslung jeweils die Hälfte der Kichererbsen durch gegarte grüne Erbsen oder gekochte Randen ersetzen.

Glücksrollen-Dip

300	g	
30 g	Palmzucker	Zucker, Wasser und Essig in einer Pfanne erhitzen, bis der Zucker geschmolzen ist.
1 dl	Wasser	
4 EL	Reisessig	
0,8 dl	Limettensaft, frisch gepresst	Limettensaft und Salz zugeben. Sauce abkühlen lassen.
1 Prise	Salz	
½	Knoblauchzehe	Knoblauch schälen, Chili entkernen. Beides fein hacken und zur abgekühlten Sauce geben, alles mischen.
½	kleine rote Chilischote	
		Zu den vietnamesischen Glücksrollen (Seite 114) servieren.

Tipp

Wer nicht gerne scharf isst, lässt die halbe Chili einfach weg.

Cocktailsauce

300	g	
3	Tomaten	Tomatenstrünke entfernen, Tomaten halbieren, entkernen und in kleine Würfel schneiden. Petersilie fein hacken.
½ Bund	Petersilie	
60 g	vegane Mayonnaise (Seite 136) oder Reismayonnaise	Tomatenwürfel, Petersilie, Mayonnaise, Ketchup und Zitronensaft in eine Schüssel geben und gut verrühren.
6 EL	Ketchup	
1 EL	Zitronensaft, frisch gepresst	
½ TL	frischer Meerrettich Salz, Pfeffer	Meerrettich dazureiben und untermischen. Mit Salz und Pfeffer würzen.

133

Tomatensauce

800 g	

800 g	Tomaten
1	Knoblauchzehe
1 EL	Olivenöl, kalt gepresst
1 TL	Rohzucker
	Salz, Pfeffer
Je 3 Zweige	Petersilie und Basilikum
Je 2 Zweige	Majoran, Oregano und Bohnenkraut, abgezupfte Blätter

Tomatenstrünke entfernen, Tomaten vierteln, entkernen und in kleine Würfel schneiden. Knoblauch schälen.

Öl erhitzen. Knoblauch durch eine Knoblauchpresse ins Öl pressen. Tomatenwürfel und Zucker zugeben, mit Salz und Pfeffer würzen, aufkochen.

Kräuter fein hacken, zugeben, Sauce 30 Minuten kochen lassen.

Tipp

Asafoetida ist ein sehr guter Ersatz für Knoblauch – vor allem für Personen, die Knoblauch nicht gut vertragen oder allergisch sind. Anstelle der Knoblauchzehe kann eine Messerspitze Asafoetida verwendet werden.

Balsamico-Sauce

7,5	dl
1	Karotte
1 Scheibe	Knollensellerie, ca. 1 cm breit
1	Zwiebel
1 EL	Öl
40 g	Tomatenpüree
Je 1 Zweig	Majoran, Oregano, Thymian, Rosmarin
2	Nelken
1	Lorbeerblatt
1 TL	schwarze Pfefferkörner
4 dl	roter Traubensaft
4 EL	Aceto Balsamico
1 l	Gemüsebouillon (Seite 153)
	Salz
2 EL	Maizena
4 EL	Wasser, kalt

Karotte, Sellerie und Zwiebel schälen, in kleine Würfel schneiden. Öl in einer Bratpfanne erhitzen, Zwiebel und Gemüse darin gut anbraten, sie dürfen leicht braun werden.

Tomatenpüree, Kräuter, Nelken, Lorbeerblatt und Pfefferkörner zugeben, nochmals anbraten. Traubensaft, Aceto Balsamico und Bouillon zugeben, auf die Hälfte einkochen und durch ein Sieb passieren.

Sauce mit Salz würzen. Maizena mit Wasser anrühren, in die Sauce einrühren, fünf Minuten kochen lassen.

Tipp

Die Sauce passt gut zu Kartoffelstock und als Basis für Gemüse-Voressen.

Vegane Mayonnaise

200 g

0,9 dl	Sojadrink, ungesüsst
½ TL	Apfelessig
½ EL	Zitronensaft, frisch gepresst
¼ TL	Agavensirup
¼ TL	milder Senf
¼ TL	Salz
1,3 dl	mildes Rapsöl

Alle Zutaten ausser das Öl in ein hohes Gefäss geben. Mit dem Stabmixer eine Minute ohne zu bewegen gut durchmixen. Öl in einem dünnen Strahl hinzulaufen lassen, so lange weitermixen, bis die Mayonnaise cremig wird.

Tipp

Die Mayonnaise hält sich in einem Schraubglas im Kühlschrank mindestens einen Monat.

Vegane Kräutermargarine

400 g

½ Bund	Petersilie
1 Bund	Schnittlauch
350 g	Margarine, weich
2 EL	Zitronensaft, frisch gepresst
1 EL	Tamari-Sojasauce
½ TL	Madras-Curry
1 TL	Salz

Petersilie und Schnittlauch fein hacken. Mit den restlichen Zutaten in eine kleine Schüssel geben und verrühren.

Die Margarine bleibt gekühlt fünf Tage frisch.

Tipp

Die Kräutermargarine schmeckt besonders gut zu Gemüse vom Grill wie Maiskolben, Spargel sowie Ofenkartoffeln.

Suppen

Kürbis-Kokos-Suppe
Seite 139

Curry-Bananen-Suppe
Seite 140

Tom-Kha-Suppe
Seite 141

Kürbis-Kokos-Suppe

4	Portionen	

1	Zwiebel
1	Kartoffel
400 g	Kürbis, z. B. Butternuss, Roter Knirps, Hokkaido
2 EL	Öl
½ TL	grüne Thai-Currypaste (Seite 118)
2 dl	Kokosmilch
5 dl	Gemüsebouillon (Seite 153)
½ TL	Madras-Curry
1 Prise	Paprika, edelsüss
1 Prise	Koriander, gemahlen
	Salz, Pfeffer
1 EL	Sesamsamen, schwarz

Zwiebel und Kartoffel schälen, fein würfeln. Kürbis schälen und halbieren, Kerne herauskratzen, in grobe Würfel schneiden.

Öl in einer Pfanne erhitzen, Zwiebeln darin auf mittlerer Stufe glasig andünsten. Kürbis und Kartoffel zugeben, mit andünsten.

Currypaste, Kokosmilch, Bouillon, Curry, Paprika und Koriander zugeben, aufkochen, 30 Minuten kochen.

Suppe mit dem Stabmixer pürieren, mit Salz und Pfeffer würzen und mit schwarzem Sesam bestreuen.

Tipp

Die Currypaste kann alternativ durch 1–2 Prisen gemahlenen Chili ersetzt werden. Wer es nicht so scharf mag, lässt die Currypaste weg.

Curry-Bananen-Suppe

	4	Portionen

	1	Zwiebel
	1	Stück Lauch, ca. 10 cm lang
	1	Kartoffel
	1	Karotte
	1	Banane

Zwiebel schälen und fein hacken. Lauch rüsten und in feine Streifen schneiden. Kartoffel, Karotte und Banane schälen, in 1 cm grosse Würfel schneiden.

1 TL	Öl

Öl in einer Pfanne erhitzen, Zwiebel beigeben, glasig dünsten. Gemüse- und Bananenwürfel zugeben, auf mittlerer Stufe fünf Minuten braten.

1 TL	Madras-Curry
1 Prise	Ingwer, gemahlen
1 Prise	Koriander, gemahlen
1 Prise	Kurkuma
½ TL	Kreuzkümmel, gemahlen
7 dl	Gemüsebouillon (Seite 153)
1 dl	Kokosmilch

Gewürze zugeben, andünsten, mit Bouillon und Kokosmilch ablöschen und 30 Minuten kochen lassen.

	Salz, Pfeffer
2 EL	Kokosraspel

Suppe mit dem Stabmixer pürieren, mit Salz und Pfeffer würzen und mit Kokosraspeln bestreuen.

Tom-Kha-Suppe

4	Portionen	

100 g	Austernseitlinge	Austernseitlinge in feine Scheiben schneiden. Öl in einer Bratpfanne erhitzen, Pilze auf hoher Stufe goldbraun anbraten, beiseitestellen.
1 EL	Öl	

5 dl	Kokosmilch	Kokosmilch und Bouillon in einer Pfanne aufkochen.
4 dl	Gemüsebouillon (Seite 153)	

2 cm	Galgant, frisch	Galgant in dünne Scheiben schneiden, Schalotte schälen und in Streifen schneiden. Chili halbieren, entkernen und fein hacken. Zitronengrasstängel am unteren Ende plattklopfen, in ca. 4 cm lange Stücke schneiden. Kaffir-Limetten-Blätter halbieren, Mittelstrünke herausschneiden, in feine Streifen schneiden.
1	Schalotte	
1	kleine grüne Chili	
2	Zitronengrasstängel	
4	Kaffir-Limetten-Blätter	

Galgant, Schalotte, Chili, Zitronengras und Kaffir-Limetten-Blätter zugeben, Suppe zehn Minuten kochen lassen.

1	Limette, frisch gepresster Saft	Limettensaft, Sojasauce, Zucker zugeben, nochmals zehn Minuten kochen lassen. Zitronengras und Galgant entfernen. Mit Salz würzen.
2 EL	Tamari-Sojasauce	
1 EL	Rohzucker	
	Salz	

¼ Bund	Koriander	Koriander fein hacken, Tomaten halbieren.
3	Cherrytomaten	

Suppe anrichten, mit gebratenen Austernseitlingen, gehacktem Koriander und Tomaten garnieren.

Tomaten-Orangen-Suppe

4 Portionen

3 dl	Orangensaft, frisch gepresst
1½ EL	Rohzucker
2	Lorbeerblätter
2	Nelken
8	schwarze Pfefferkörner, ganz
½	Zimtstange
1	Zwiebel
2 EL	Öl
1½ EL	Tomatenpüree
3	Tomaten
1½ EL	Mehl
2 Zweige	Basilikum
7 dl	Gemüsebouillon (Seite 153)
1½ dl	Rahm
	Salz, Pfeffer
½ TL	Zimt

Orangenreduktion Alle Zutaten für die Orangenreduktion in eine kleine Pfanne geben, aufkochen, auf kleiner Stufe 20 Minuten auf etwa die Hälfte reduzieren, Zimtstange nach zehn Minuten entfernen.

Zwiebel schälen, fein hacken. Öl in einer Pfanne erhitzen, Zwiebel darin auf mittlerer Stufe glasig dünsten. Tomatenpüree zugeben. zwei Minuten weiterdünsten.

Tomatenstrünke entfernen, Tomaten vierteln, in Würfel schneiden. Tomatenwürfel zugeben, fünf Minuten dünsten.

Mit Mehl bestäuben, Basilikumzweige zugeben, mit der Bouillon ablöschen. Suppe unter Rühren aufkochen, 15 Minuten köcheln lassen.

Orangenreduktion durch ein Sieb zur Suppe geben. Mit dem Stabmixer fein pürieren, Rahm zugeben, nochmals kurz erhitzen. Mit Salz und Pfeffer würzen, mit Zimt bestäuben.

Tipp

Die Suppe mit einer Zimtschaumhaube servieren. Dafür 3 dl Milch erhitzen und zwei Minuten mit dem Stabmixer mixen. Den Milchschaum auf der Suppe verteilen und den gemahlenen Zimt darüberstäuben.

Safran-Suppe
Seite 145

Tomaten-
Orangen-Suppe
Seite 142

Harira-Suppe
Seite 144

Harira-Suppe

4	Portionen	

20 g	braune Linsen	Linsen und Suppennudeln separat in kochendem Wasser knapp weich kochen, abgiessen, beiseitestellen.
20 g	feine Suppennudeln	
1	Karotte	Karotte und Kartoffel schälen, an der Bircherraffel in eine Schüssel reiben. Zwiebel und Knoblauch schälen, grob hacken. Tomatenstrünke entfernen, Tomaten vierteln, in Würfel schneiden. Petersilie und Koriander grob hacken.
1	Kartoffel	
½	Zwiebel	
1	Knoblauchzehe	
2	Tomaten	
Je 1 Zweig	Petersilie und Koriander	
2 EL	Olivenöl	Öl in einer Pfanne erhitzen, Zwiebel und Knoblauch darin auf mittlerer Stufe glasig andünsten. Tomatenwürfel, geriebene Kartoffel und Karotte zugeben, fünf Minuten andünsten.
1 TL	Tomatenpüree	Tomatenpüree, Gewürze und Kräuter zugeben, weitere fünf Minuten andünsten. Mit Bouillon ablöschen, 30 Minuten kochen.
¼ TL	Kreuzkümmel, gemahlen	
½ TL	Paprika, edelsüss	
¼ TL	Ingwer, gemahlen	
1 Prise	Koriander, gemahlen	
1 Prise	Safran, gemahlen	
1 l	Gemüsebouillon (Seite 153)	
1 TL	Zitronensaft, frisch gepresst	Suppe mit dem Pürierstab fein pürieren. Zitronensaft zugeben, mit Salz, Pfeffer und Zucker würzen. Linsen und Suppennudeln unterrühren, mit gehacktem Koriander garnieren.
	Salz, Pfeffer, Rohzucker	
¼ Bund	Koriander	

Tipp

Harira wird zum Fastenbrechen zu Beginn des Abendessens während des Ramadans serviert.

Safran-Suppe

4	Portionen	

2 TL	Safranfäden	Safranfäden in der Saucencreme in einer kleinen Schüssel einweichen.
1½ dl	vegane Saucencreme	
1	Kartoffel	Kartoffel und Sellerie waschen, schälen, in kleine Würfel schneiden. Knoblauch schälen, fein hacken. Lauch waschen, in feine Ringe schneiden.
80 g	Sellerie	
1	Knoblauchzehe	
100 g	Lauch	
2 EL	Olivenöl	Öl in einer Pfanne erhitzen. Lauch und Knoblauch darin glasig dünsten. Gemüsewürfel beigeben, fünf Minuten mitdünsten.
1 TL	Rohzucker	Zucker darüberstreuen, Gemüse kurz karamellisieren, mit der Bouillon ablöschen, aufkochen und 20 Minuten kochen lassen.
7 dl	Gemüsebouillon (Seite 153)	
	Salz, Pfeffer	Saucencreme mit Safranfäden zugeben, mit dem Stabmixer fein pürieren. Mit Salz und Pfeffer würzen, mit den zusätzlichen Safranfäden garnieren.
¼ TL	Safranfäden	

Marroni-Linsen-Suppe

4	Portionen		

40 g	Lauch	Lauch in feine Ringe schneiden. Öl in einer Pfanne erhitzen, Lauch darin glasig dünsten.
1 EL	Olivenöl	
30 g	rote Linsen	Rote und braune Linsen, Marroni, Birnel und Gewürze zugeben, fünf Minuten mitdünsten.
30 g	braune Linsen	
70 g	Marroni, frisch oder tiefgekühlt	
1 EL	Birnel	
½ TL	Madras-Curry	
¼ TL	Kurkuma	
9 dl	Gemüsebouillon (Seite 153)	Bouillon zugeben, aufkochen, 40 Minuten köcheln lassen.
1 dl	vegane Saucencreme	Vegane Saucencreme zugeben, Suppe mit dem Stabmixer fein pürieren.
1 EL	Apfelessig	
	Salz, Pfeffer	Apfelessig zugeben, umrühren. Mit Salz und Pfeffer würzen.

Tipp

Wer mag, kann die Suppe noch mit fein gehackter Petersilie, Kerbel oder Schnittlauch bestreuen.

Bündner Gerstensuppe

4	Portionen	

1	Zwiebel	Zwiebel und Karotte schälen, Sellerie rüsten, alles in sehr kleine Würfelchen schneiden.
1	Karotte	
80 g	Knollensellerie	
2 EL	Öl	Öl in einem Topf erhitzen, Gemüsewürfel darin vier Minuten andünsten. Rollgerste zugeben, eine Minute mitdünsten.
80 g	Rollgerste	
9 dl	Gemüsebouillon (Seite 153) Salz, Pfeffer	Bouillon zugeben, mit Salz und Pfeffer würzen, Suppe aufkochen und auf kleiner Stufe zugedeckt 30 Minuten köcheln lassen.
½ Bund	Schnittlauch	Schnittlauch fein hacken. Saucencreme zugeben und umrühren, Suppe nochmals erwärmen. Mit Salz und Pfeffer würzen, mit geschnittenem Schnittlauch bestreuen.
1½ dl	vegane Saucencreme	

Tipp

Falls die Suppe zu dickflüssig ist, kann sie mit etwas Bouillon verdünnt werden.

Marroni-Linsen-Suppe
Seite 146

Bündner Gerstensuppe
Seite 147

Gazpacho

4	Portionen	

7	Tomaten	Tomatenstrünke entfernen, Tomaten kreuzweise einschneiden, eine Minute in siedendes Wasser geben, herausnehmen, in einer Schüssel mit eiskaltem Wasser fünf Minuten abschrecken.
1 Scheibe 1 EL	Toastbrot Olivenöl	Toastbrot in kleine Würfel schneiden. Öl in einer Bratpfanne erhitzen, Toastbrot darin goldbraun anrösten, auf Haushaltspapier entfetten.
		Abgeschreckte Tomaten häuten, mitsamt dem Saft in ein hohes Gefäss geben.
½ ½ ½	Gurke Zwiebel Peperoni, grün	Gurke und Zwiebel schälen, zusammen mit der Peperoni in feine Würfel schneiden.
2 EL 1 TL 2 EL	Aceto Balsamico, weiss Tomatenpüree Olivenöl	Zwiebel, jeweils die Hälfte der Gurken- und der Peperoniwürfel, Aceto Balsamico, Tomatenpüree und Öl zu den Tomaten geben, mit dem Stabmixer fein pürieren.
	Salz, Pfeffer, Rohzucker	Gazpacho mit Salz, Pfeffer und Zucker würzen. Mit den restlichen Gurken- und Peperoniwürfeln sowie den Croûtons garnieren.

Tipp

Für die fruchtige Variante eine Mango-Gazpacho zubereiten. Dafür die Tomaten und die Peperoni weglassen und durch 5 dl Gemüsebouillon und 300 g Mangopulpe (pürierte Mango) ersetzen. Die Gazpacho mit frischen Mangostücken garnieren.

Minestrone

4	Portionen	

80 g	Borlotti-Bohnen	Die Bohnen über Nacht in der dreifachen Menge kaltem Wasser einweichen. Am nächsten Tag in frischem Wasser ohne Salz ca. eine Stunde zugedeckt knapp weich kochen. Abtropfen und beiseitestellen.
1	Zwiebel	Zwiebel und Knoblauch schälen und fein hacken. Karotte und Kartoffel schälen, Sellerie, Wirz, Zucchetti, Lauch und Tomaten rüsten und alles in 2 cm grosse Stücke schneiden.
1	Knoblauchzehe	
1	Karotte	
1	Kartoffel	
1	Stangensellerie	
100 g	Wirz oder Mangold	
1	Zucchetti	
50 g	Lauch	
3	Tomaten	
3 EL	Olivenöl	Öl in einer Pfanne erhitzen. Zwiebel, Knoblauch, Karotte, Sellerie, Lauch, Zucchetti und Lorbeerblatt darin 15 Minuten dünsten.
1	Lorbeerblatt	
1 Zweig	Oregano	Kartoffel, Tomaten, Oregano, Thymian und Bouillon hinzufügen, aufkochen und 15 Minuten kochen lassen.
1 Zweig	Thymian	
1 l	Gemüsebouillon (Seite 153)	
80 g	Pasta (Tubetti oder Conchiglie)	Bohnen, Wirz und Pasta hinzugeben, weitere 10–15 Minuten kochen, bis die Pasta gar ist.
¼ Bund	Petersilie	Die Petersilie und den Basilikum fein hacken. Minestrone mit Salz und Pfeffer abschmecken. Oregano- und Thymianzweig entfernen und mit gehackter Petersilie und Basilikum bestreuen.
¼ Bund	Basilikum	
	Salz, Pfeffer	

Tipp

Je nach Region wird die Minestrone noch mit etwas frisch geriebenem Parmesan bestreut oder mit grünem Pesto garniert.

Gemüsebouillon
Seite 153

Minestrone
Seite 151

Gemüsebouillon

3,5 l

2	Tomaten	
½	Wirz	
1	Lauch	
1	Fenchel	
1	Peperoni, rot	
2	Zwiebeln mit Schale	
2	Karotten	

Gemüse in grobe Stücke schneiden.

2 EL	Olivenöl	
1 EL	schwarze Pfefferkörner	
1 TL	Fenchelsamen	
1 TL	Kümmelsamen	
2	Lorbeerblätter	

Öl in einer hohen Pfanne erhitzen. Gemüse zugeben, leicht braun andünsten, gelegentlich umrühren. Gewürze untermischen und mitdünsten.

4 l	Wasser	
6 Zweige	Petersilie	
2 EL	Salz	

Wasser, Petersilie und Salz zugeben, aufkochen, 1–1½ Stunden ohne Deckel leicht köcheln.

Bouillon durch ein Sieb sieben, in ausgekochte Glasflaschen füllen, sofort verschliessen, abkühlen lassen.

Die Bouillon ist verschlossen und im Kühlschrank mindestens zwei Wochen haltbar, sie lässt sich auch prima in Tiefkühlgeschirr einfrieren.

Tipp

Diese Bouillon kann als Basis für Suppen und Saucen verwendet werden. Der Aufwand lohnt sich, das Gemüse kann mit Gewürzen und Wasser einfach auf dem Herd köcheln, während andere Arbeiten in der Küche erledigt werden. Am besten gleich mehrere Liter zubereiten und portionsweise einfrieren. Zwiebeln mit Schale geben der Bouillon die schöne braune Farbe. Bei Unverträglichkeiten können Zwiebeln weggelassen werden. Gemüse und Kräuter können beliebig abgewandelt oder ergänzt werden mit dem, was gerade noch im Kühlschrank ist – so wirkt die Gemüsebouillon ideal dem Food Waste entgegen. Natürlich kann in den Rezepten auch Fertigbouillon verwendet werden.

Salate

Joghurt-Kräuter-Dressing

300   g

1 Bund	Dill
250 g	Naturejoghurt
2 EL	Rapsöl
0,9 dl	Wasser
	Salz, Pfeffer, Rohzucker

Dill fein hacken. Mit den restlichen Zutaten in einer Schüssel verrühren und mit Salz, Pfeffer und Zucker würzen.

Italienisches Dressing

400   g

1½ EL	milder Senf
0,8 dl	Rotweinessig
4 EL	Aceto Balsamico
0,9 dl	Wasser
2 dl	Rapsöl
	Salz, Pfeffer

Alle Zutaten in ein hohes Gefäss geben. Mit dem Stabmixer pürieren, mit Salz und Pfeffer würzen.

Birnel-Senf-Dressing

490 g

1 dl	Apfelessig
1 dl	Wasser
2 EL	milder Senf
1 EL	Birnel
2½ dl	Rapsöl
	Salz, Pfeffer

Alle Zutaten in ein hohes Gefäss geben. Mit dem Stabmixer pürieren, mit Salz und Pfeffer würzen.

Erdnuss-Dressing

450 g

2	Knoblauchzehen
90 g	Erdnussbutter
6 EL	Ketchup
4½ EL	Rohzucker
0,8 dl	Wasser
0,8 dl	Tamari-Sojasauce
3 EL	Zitronensaft, frisch gepresst
	Pfeffer

Knoblauch schälen. Alle Zutaten in ein hohes Gefäss geben. Mit dem Stabmixer pürieren, mit Pfeffer würzen.

Tipp

Die Sauce passt hervorragend zum Indonesia-Salat (Seite 165).

Kürbis-Apfel-Salat
Seite 160

Birnel-Senf-Dressing
Seite 157

Chicorée-Marroni-Salat
Seite 159

Chicorée-Marroni-Salat

4 Portionen

1 dl	Aceto Balsamico, weiss
1 EL	Senf
0,8 dl	Haselnussöl
1 dl	Rapsöl

Sauce Balsamico und Senf in einer kleinen Schüssel verrühren und beide Öle unter Rühren dazugeben.

100 g	Rohzucker
1 dl	Süssmost
400 g	geschälte tiefgekühlte Marroni, aufgetaut

Zucker in einer Bratpfanne verteilen, auf mittlerer Stufe schmelzen, goldbraun karamellisieren. Mit Süssmost ablöschen, kurz kochen lassen, bis sich der Zucker wieder aufgelöst hat. Aufgetaute Marroni zum Karamell in die Pfanne geben, auf mittlerer Stufe 10–15 Minuten weichköcheln.

180 g	saisonaler Blattsalat
400 g	Chicorée

Salat in Stücke zupfen. Chicorée längs halbieren, Strunk herausschneiden. Chicorée quer in feine Streifen schneiden, mit dem Blattsalat in eine Schüssel geben.

1	Apfel
2 EL	Zitronensaft, frisch gepresst

Apfel vierteln, Kerngehäuse entfernen, in feine Scheiben schneiden, mit Zitronensaft beträufeln und zum Blattsalat geben.

Salz, Pfeffer

Gekochte Marroni absieben, restliche Kochflüssigkeit unter die Sauce rühren, mit Salz und Pfeffer würzen.

60 g Haselnüsse

Marroni und Sauce zum Salat geben, alles mischen. Haselnüsse grob hacken und über den Salat geben.

Kürbis-Apfel-Salat

4	Portionen	

4 EL	Apfelessig	
1 EL	Wasser	
1 EL	Senf	
1 TL	Gemüsebouillonpulver	
1 TL	Birnel	
1 dl	Rapsöl	
	Salz, Pfeffer	
450 g	Hokkaido-Kürbis, gerüstet	
2	Äpfel	
40 g	Kürbiskerne, geröstet	
40 g	Cranberrys	
1 TL	Kürbiskernöl	

Sauce Alle Zutaten in ein hohes Gefäss füllen, mit dem Stabmixer pürieren, mit Salz und Pfeffer würzen.

Kürbis in eine Schüssel raffeln. Äpfel waschen, vierteln, Kerngehäuse entfernen und in ca. 5 mm dünne und 4 cm lange Streifen schneiden.

Sauce zugeben, alles mischen.

Kürbiskerne und Cranberrys über den Salat streuen, Kürbiskernöl darüberträufeln.

Tipp

Die Kürbiskerne können ohne Fettzugabe in einer beschichteten Pfanne geröstet werden. Das verstärkt ihr Aroma.

Tofu-Ceviche

4	Portionen	

400 g	Tofu
1 TL	Salz
2 EL	Rapsöl
2	Limetten, frisch gepresster Saft
1 EL	Rohzucker
	Salz, Pfeffer
2	Frühlingszwiebeln
½	Gurke
1	Peperoncino
1 Bund	Koriander

Tofu in 1 cm kleine Würfel schneiden, in eine Schüssel geben, mit Salz einreiben. Zehn Minuten ziehen lassen.

Öl, Limettensaft und Zucker in einer Schüssel verrühren, mit Salz und Pfeffer würzen. Zum Tofu geben, mischen, zugedeckt 30 Minuten im Kühlschrank ziehen lassen.

Frühlingszwiebeln in feine Streifen schneiden. Gurke halbieren, entkernen, in 1 cm kleine Würfel schneiden. Peperoncino halbieren, entkernen, fein hacken. Koriander fein hacken.

Alles zum Tofu geben und mischen.

Edamame-Salat

4	Portionen	

1 EL	Apfelessig
½ TL	Senf
½ TL	Birnel
1 EL	Wasser
3 EL	Rapsöl
	Salz, Pfeffer

Sauce Apfelessig, Senf, Birnel und Wasser in einer kleinen Schüssel verrühren. Öl unter Rühren zugeben. Mit Salz und Pfeffer würzen.

700 g	Edamame, tiefgekühlt

Edamame in leicht kochendem Salzwasser ca. zwei Minuten blanchieren. Abgiessen, in einer Schüssel mit kaltem Wasser kurz abschrecken, abtropfen lassen.

70 g	getrocknete Tomaten
½ Bund	Pfefferminze

Getrocknete Tomaten in feine Streifen schneiden, Pfefferminze fein hacken.

Abgetropfte Edamame mit Tomaten, Pfefferminze und Sauce mischen.

Tipp

Der Salat lässt sich gut schon am Vorabend zubereiten.

Tofu-Ceviche
Seite 161

Edamame-Salat
Seite 162

Indonesia-Salat

4	Portionen

180 g	Papaya
200 g	Ananas
½	Salatgurke, entkernt
120 g	Tempeh
1 EL	Öl
140 g	saisonaler Blattsalat
30 g	Erdnüsse, gesalzen, grob gehackt
⅓	Rezeptmenge Erdnuss-Dressing (Seite 157)

Papaya und Ananas schälen, rüsten, mit Gurke und Tempeh in 2 cm grosse Stücke schneiden.

Öl in einer Bratpfanne erhitzen, Tempeh darin goldbraun anbraten, auf Haushaltspapier entfetten.

Blattsalat, Früchte, Gurke und Tempeh mit dem Erdnuss-Dressing (Seite 157) mischen, mit gehackten Erdnüssen bestreuen.

Tipp

In Indonesien wird der Salat zusätzlich mit blanchierten Mungobohnensprossen garniert.

Vegi-Chicken-Salat

4	Portionen

150 g	Mayonnaise
125 g	Naturejoghurt
1 dl	Orangensaft, frisch gepresst
	Salz, Pfeffer
200 g	Eisbergsalat
200 g	Stangensellerie
1	Apfel
1	Zitrone, frisch gepresster Saft
4	Quornschnitzel
2 Scheiben	Toastbrot
2 EL	Olivenöl

Sauce Mayonnaise, Joghurt und Orangensaft in einer kleinen Schüssel verrühren, mit Salz und Pfeffer würzen.

Eisbergsalat waschen und rüsten, in mundgerechte Stücke zupfen. Stangensellerie rüsten, in 1 cm kleine Stücke schneiden. Mit Eisbergsalat in eine Schüssel geben, mischen.

Apfel vierteln, Kerngehäuse entfernen, in feine Scheiben schneiden. Mit Zitronensaft beträufeln, zum Salat geben.

Quornschnitzel längs in 1 cm breite Streifen schneiden, Toastbrot klein würfeln. Öl in einer Bratpfanne erhitzen, Quorn darin auf mittlerer Stufe goldbraun anbraten, aus der Pfanne nehmen, beiseitestellen. Toastbrotwürfel in die Pfanne geben, goldbraun anrösten, auf Haushaltspapier entfetten.

Sauce zum Salat geben, mischen. Quornstreifen und Croûtons darüber verteilen.

Tipp

Anstatt Quorn kann auch Natur- oder Räuchertofu verwendet werden.

Grüner Quinoa-Salat

4	Portionen

1 dl	Aceto Balsamico, weiss	**Sauce** Balsamico mit Senf und Öl verrühren, mit Salz und Pfeffer würzen.
1 TL	Senf	
1,2 dl	Rapsöl	
	Salz, Pfeffer	
300 g	Quinoa, weiss	Quinoa in einem Sieb unter fliessendem Wasser abspülen, im Salzwasser 10–15 Minuten weichkochen. Abgiessen, abtropfen und abkühlen lassen.
250 g	grüner Spargel	Spargelenden abschneiden, Spargel im unteren Drittel schälen, in 5 mm kleine Stücke schneiden. Spargelstücke im kochenden Salzwasser sechs Minuten garen, kurz in einer Schüssel mit eiskaltem Wasser abschrecken, abtropfen lassen.
1 Bund	Petersilie	Petersilie und frischen Blattspinat fein hacken.
40 g	Blattspinat	

Quinoa mit Spargel, Petersilie und Spinat in eine Schüssel geben, Sauce untermischen, 40 Minuten ziehen lassen.

Apfel-Linsen-Salat

4	Portionen	

200 g	Beluga-Linsen
4 EL	Rohzucker
1 dl	Apfelessig
1½	Äpfel
½ Bund	Petersilie
1 dl	Rapsöl
	Salz, Pfeffer

Wasser aufkochen, Beluga-Linsen darin ohne Salz 25–30 Minuten knackig garen. Abgiessen, abtropfen.

Zucker und Essig in eine kleine Pfanne geben, erwärmen, bis sich der Zucker aufgelöst hat. Äpfel vierteln, Kerngehäuse entfernen und fein würfeln. Zur Essig-Zucker-Mischung geben, abkühlen lassen.

Petersilie fein hacken. Petersilie und Öl unter die abgekühlte Essig-Zucker-Mischung rühren. Sauce über die lauwarmen Linsen geben, mit Salz und Pfeffer würzen, kurz mischen.

Tipp

Wenn die Linsen zu lange gekocht werden, zerfallen sie und sehen nicht mehr schön aus – also zwischendurch immer mal wieder probieren.

Taboulé
Seite 171

Kichererbsen-Harissa-Salat
Seite 172

Tomaten-Granatapfel-Salat
Seite 173

Taboulé

4	Portionen

400 g	Couscous
2 TL	Kreuzkümmel, gemahlen
1 TL	Sambal Oelek
2 TL	Paprika, edelsüss
4 dl	Wasser
½ TL	Salz
1 dl	Olivenöl
0,5 dl	Zitronensaft, frisch gepresst
½	Zwiebel
2 Zweige	Minze
	Salz, Pfeffer

Couscous mit Kreuzkümmel, Sambal Oelek und Paprika mischen.

Wasser aufkochen, Salz, Öl und Zitronensaft zum Wasser geben, umrühren. Couscous zugeben, mischen und zehn Minuten bei Raumtemperatur quellen lassen.

Zwiebel schälen, mit Minze fein hacken. Zum Couscous geben, mit Salz und Pfeffer würzen.

Tipp

Als Vorspeise oder Bestandteil einer Mezze-Platte reicht die Menge für 6–8 Portionen.

Kichererbsen-Harissa-Salat

4	Portionen	
1	Knoblauchzehe	**Sauce** Knoblauch schälen, grob hacken. Zitronensaft, Öl, Harissa, Tomatenpüree, Paprika, Zimt und Kreuzkümmel in ein hohes Gefäss geben, mit dem Stabmixer pürieren. Mit Salz, Pfeffer und Zucker würzen.
1	Zitrone, frisch gepresster Saft	
1 dl	Olivenöl	
1 EL	Harissa	
1 EL	Tomatenpüree	
1 EL	Paprika, edelsüss	
1 Prise	Zimt	
1 Prise	Kreuzkümmel, gemahlen	
	Salz, Pfeffer, Rohzucker	
300 g	Kichererbsen	Kichererbsen über Nacht in dreifacher Menge Wasser einweichen.
		Kichererbsen abgiessen, in frischem Wasser ohne Salz ca. 45–60 Minuten weichkochen. Abgiessen, abtropfen lassen.
1	Zucchetti	Zucchetti in kleine Würfel schneiden.
½ Bund	Koriander	Kräuter hacken, mit Salatsauce und Zucchettiwürfeln unter die gegarten Kichererbsen mischen.
1 Bund	Petersilie	
5 Zweige	Thymian, abgezupfte Blätter	

Tipp

Harissa ist eine feurige Würzpaste aus Chilis und Paprika und unentbehrlicher Bestandteil der nordafrikanischen Küche. Dort würzt es Suppen, Dips, Marinaden, Couscous und Gemüsegerichte. Für die Zubereitung schwört jede Familie auf ihr eigenes überliefertes Rezept. Die Paste gibt es fertig in Tuben oder Gläsern zu kaufen. Wenn es schneller gehen muss, Kichererbsen aus der Dose verwenden.

Tomaten-Granatapfel-Salat

4 Portionen

½ TL	Piment, gemahlen
2 EL	Aceto Balsamico, weiss
2 EL	Granatapfel-Melasse
2 EL	Olivenöl
1 TL	Salz
500 g	Cherrytomaten
½	Peperoni, rot
½	rote Zwiebel
1	Granatapfel
3 Zweige	Minze

Sauce Piment, Balsamico, Granatapfel-Melasse, Öl und Salz in einer kleinen Schüssel verrühren.

Cherrytomaten vierteln, Peperoni in kleine Würfel schneiden. Zwiebel schälen, fein hacken.

Granatapfel halbieren, Kerne in eine Schüssel auslösen.

Tomaten, Peperoni und Zwiebel unter die Granatapfelkerne mischen. Sauce mit dem Salat mischen, zehn Minuten ziehen lassen.

Pfefferminzblätter von den Stielen zupfen, in feine Streifen schneiden, über den Salat streuen.

Tipp

Wer keinen Piment vorrätig hat, nimmt stattdessen je eine Prise gemahlene Nelken, Zimt, Muskatnuss und Pfeffer. Granatapfel-Melasse hat einen bittersüssen Geschmack und ist in türkischen Lebensmittelgeschäften erhältlich. Ersatzweise Granatapfelsaft sirupartig einkochen lassen. Um die Granatapfelkerne möglichst ohne Spritzer auszulassen, empfehlen wir das «Auslösen» im Wasser. Dazu Granatapfel halbieren und in eine Schüssel Wasser tauchen. Die Frucht im Wasser in Stücke brechen und die Kerne von den Häutchen trennen. Die Kerne sinken ab.

Caesar Salad

	4	Portionen

2 dl	Rapsöl	
2 EL	Zitronensaft, frisch gepresst	
1	Ei	
1	Knoblauchzehe	
2 TL	Senf	
50 g	Hartkäse	
4 EL	Naturejoghurt	
	Salz, Pfeffer	

Sauce Öl, Zitronensaft, rohes Ei, geschälten Knoblauch und Senf in ein hohes Gefäss geben. Mit dem Stabmixer ohne zu bewegen 30 Sekunden mixen. Hartkäse reiben, mit dem Joghurt unter das Dressing mischen, kurz mixen, mit Salz und Pfeffer würzen.

4	Eier	

Eier in kochendem Wasser zehn Minuten hart kochen. Abschrecken, schälen, in Achtel schneiden.

3 Scheiben	Toastbrot	
150 g	Räuchertofu	
2 EL	Olivenöl	

Toastbrot und Tofu in 1 cm grosse Würfel schneiden. 1 EL Öl in einer Bratpfanne erhitzen, Toastwürfel zugeben, bei mittlerer Hitze goldbraun braten. Auf Haushaltspapier entfetten. Restliches Öl in der Bratpfanne erhitzen, Tofu zugeben, goldbraun braten, auf Haushaltspapier entfetten.

4	kleine Köpfe Eisbergsalat oder Baby-Lattich	
30 g	Hartkäse	

Lattich in mundgerechte Stücke zupfen, Hartkäse fein reiben. Beides mit Croûtons, Tofuwürfeln und Sauce in eine Schüssel geben, mischen.

1	Zitrone, in Schnitzen	

Mit Eiern und Zitronenschnitzen garnieren.

Spargel-Mango-Salat
Seite 178

Caesar Salad
Seite 174

Aussicht auf das Wasser

Umgeben von der Natur

Grillieren am Rhein mit meiner Familie

«Seit ich mich erinnern kann, gibt es in unserer Familie jedes Jahr ein Fest in Rheinklingen. Die ganze Familie trifft sich, damit man den Kontakt zueinander nicht verliert. Es bemühen sich wirklich alle, immer zu kommen, und man merkt, dass es für jedes Familienmitglied wichtig ist, dabei sein zu können. Das Familienfest findet immer im Elternhaus meines Grossvaters statt. Dieses Haus ist schon sehr lange in unserem Familienbesitz und liegt direkt am Rhein. Auch das Essen hat Tradition: Wir grillieren, dazu gibt es ein grosses Salatbuffet. Die Frauen bereiten den Salat und die Beilagen vor, die Männer stehen natürlich am Grill. Hier finden auch immer die grossen politischen Diskussionen statt, denn mein Grossvater ist in der SVP, sein Bruder war Nationalrat und gehört zur SP. Dann verziehen wir Kinder uns jeweils immer mit den Hunden an den Rhein. Wir lassen uns über weite Strecken von der Strömung treiben, marschieren zurück und tauchen wieder in das Wasser ein.»

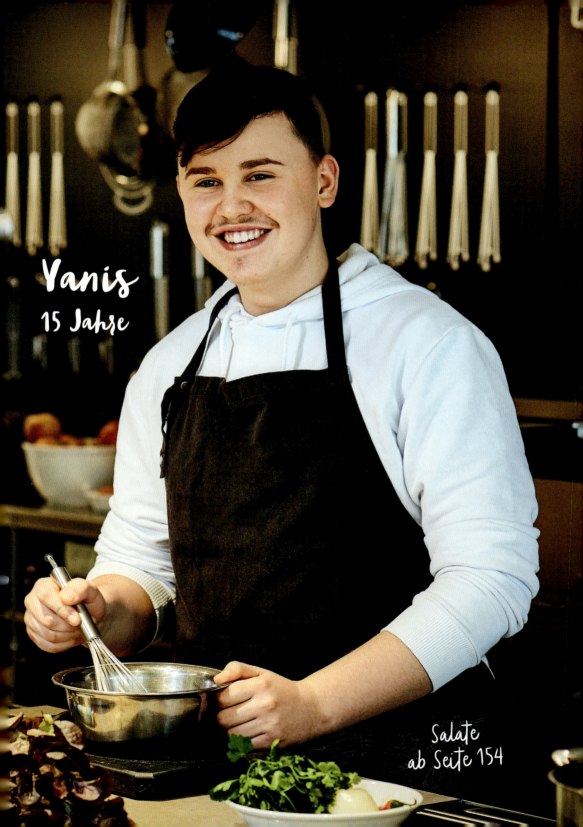

Spargel-Mango-Salat

4	Portionen	

½ TL	Ingwer, gemahlen	**Sauce** Alle Zutaten bis und mit Sambal Oelek in ein hohes Gefäss geben, mit dem Stabmixer pürieren. Mit Salz und Pfeffer würzen.
2 EL	Aceto Balsamico, weiss	
4 EL	Orangensaft, frisch gepresst	
30 g	Mangopulpe (pürierte Mango)	
4 EL	Rapsöl	
¼ TL	Sambal Oelek	
	Salz, Pfeffer	
500 g	weisser Spargel	Holzige Enden der Spargeln abschneiden. Weissen Spargel schälen, grünen Spargel nur im unteren Drittel schälen, beide in 2–3 cm grosse Stücke schneiden. Spargelspitzen beiseitelegen.
400 g	grüner Spargel	
1 TL	Rohzucker	

Spargelstücke und Zucker in kochendes Salzwasser geben, fünf Minuten knackig garen. Spargelspitzen nach vier Minuten zugeben, für eine Minute mitgaren. Abgiessen, abtropfen lassen.

1	Mango	Mango schälen, Fruchtfleisch vom Stein wegschneiden und in 1,5 cm grosse Würfel schneiden. Frühlingszwiebel in Ringe schneiden. Harte Stiele vom Rucola entfernen.
1	Frühlingszwiebel	
50 g	Rucola	

Rucola, Spargel, Mangowürfel und Sauce in eine Schüssel geben, mischen. Mit gehackten Frühlingszwiebeln bestreuen.

Tipp

Wer keine fertige Mangopulpe bekommt, kann diese mit dem pürierten Fruchtfleisch einer sehr reifen Mango selbst herstellen.

Blumenkohl-Cranberry-Salat

4	Portionen	

Backofen auf 200 °C Ober- und Unterhitze vorheizen.

1 EL	Ahornsirup
4 EL	Orangensaft, frisch gepresst
1 TL	Baumnussöl
	Salz, Pfeffer
1½ Bund	Petersilie

Sauce Ahornsirup, Orangensaft und Öl in eine kleine Schüssel geben, verrühren, mit Salz und Pfeffer würzen. Petersilie fein hacken.

1	Blumenkohl
2 EL	Olivenöl

Blumenkohl waschen, in kleine Röschen schneiden. Auf einem mit Backpapier belegten Blech verteilen, mit Öl beträufeln, bei 200 °C 15 Minuten backen.

30 g	Cranberrys

Gebackene Blumenkohlröschen in eine Schüssel geben, Cranberrys, gehackte Petersilie und Sauce zugeben, mischen.

Federkohl-Apfel-Salat

4 Portionen

1½ TL	milder Senf
½ TL	Birnel
1 EL	Ahornsirup
3 EL	Apfelessig
0,8 dl	Wasser
1 dl	Rapsöl
1 TL	Haselnussöl
	Salz, Pfeffer

Sauce Alle Zutaten bis und mit Haselnussöl in ein hohes Gefäss geben, mit dem Stabmixer pürieren. Mit Salz und Pfeffer würzen.

3	Äpfel
0,9 dl	Zitronensaft, frisch gepresst
60 g	Haselnüsse
500 g	Federkohl

Äpfel vierteln, Kerngehäuse entfernen, in feine Schnitze schneiden. In eine Schüssel geben, mit Zitronensaft mischen. Haselnüsse grob hacken.

Federkohl rüsten, harte Blattrippen entfernen, Blätter in mundgerechte Stücke zupfen. Federkohl in eine Schüssel geben, Salatsauce von Hand einmassieren.

Apfelschnitze untermischen, mit den gehackten Nüssen bestreuen.

Tipp

Durch das Einmassieren der Salatsauce werden die Federkohlblätter schön weich und nehmen die Sauce gut auf.

Blumenkohl-Cranberry-Salat
Seite 179

Federkohl-Apfel-Salat
Seite 180

Vegi-Wurst-Käse-Salat
Seite 184

Nüsslisalat
Seite 185

Kartoffelsalat
Seite 183

Kartoffelsalat

4 Portionen

0,6 dl	Apfelessig
0,6 dl	Aceto Balsamico, weiss
1 Prise	Pfeffer, weiss
1 EL	Senf
1 EL	Birnel
1 dl	Rapsöl
	Salz, Pfeffer

Sauce Alle Zutaten bis und mit Birnel in eine Schüssel geben, mit dem Schwingbesen mischen. Öl unter Rühren zugeben. Mit Salz und Pfeffer würzen.

800 g	Kartoffeln, festkochend
1 dl	Gemüsebouillon, warm (Seite 153)
1	Zwiebel
1 EL	Senf, grobkörnig

Kartoffeln mit der Schale in einem grossen Topf in Salzwasser 20 Minuten weichkochen. Abgiessen, Kartoffeln mit kaltem Wasser abschrecken und schälen.

Warme, geschälte Kartoffeln in dünne Scheiben schneiden, in eine Schüssel geben, mit Bouillon übergiessen.

Zwiebel schälen und fein hacken, mit Senf zu Kartoffeln geben, mischen und 15 Minuten ziehen lassen.

Wenn die Kartoffeln die Bouillon aufgenommen haben, Salatsauce unter die Kartoffeln mischen. Mit Salz und Pfeffer würzen.

Vegi-Wurst-Käse-Salat

4	Portionen

1 TL	Senf
2 EL	Rotweinessig
1½ EL	Aceto Balsamico
3 EL	Wasser
3 EL	Rapsöl
3 EL	Olivenöl
	Salz, Pfeffer
3	vegetarische Würste
180 g	Schweizer Käse, rezent
80 g	Essiggurken
½ Bund	Schnittlauch
12	Cherrytomaten
	Salz, Pfeffer

Sauce Senf, Rotweinessig, Balsamico und Wasser in eine Schüssel geben, mischen. Öle unter Rühren zugeben. Mit Salz und Pfeffer würzen.

Würste (Stumpenklöpfer) längs halbieren, in 5 mm dünne Scheiben schneiden. Käse in 2 cm × 5 mm kleine Stifte schneiden. Essiggurken in kleine Scheiben schneiden, Schnittlauch fein hacken.

Würste, Käse, Gurken, Schnittlauch und Cherrytomaten zur Sauce geben, mischen, 30 Minuten im Kühlschrank ziehen lassen.

Tipp

Je länger der Salat ziehen kann, desto mehr Geschmack nimmt er an. Am besten über Nacht marinieren. Der Salat kann mit Radieschenscheiben oder gehackten Frühlingszwiebeln verfeinert werden.

Nüsslisalat

4	Portionen	

Sauce Apfelessig, Wasser, Senf, Birnel und Öl in ein hohes Gefäss geben und mit dem Stabmixer pürieren. Mit Salz und Pfeffer würzen.

0,6 dl	Apfelessig
0,6 dl	Wasser
1 EL	Senf
½ EL	Birnel
1,2 dl	Rapsöl
	Salz, Pfeffer

4	Eier

Eier im kochenden Wasser zehn Minuten hart kochen. Abschrecken, schälen, in Achtel schneiden.

2 Scheiben	Toastbrot
100 g	Räuchertofu
2 EL	Öl

Toastbrot und Tofu in 1 cm grosse Würfel schneiden. 1 EL vom Öl in einer Bratpfanne erhitzen, Toastwürfel zugeben und auf mittlerer Stufe goldbraun braten. Auf Haushaltspapier entfetten. Restliches Öl in der Bratpfanne erhitzen, Tofu zugeben, goldbraun braten, auf Haushaltspapier entfetten.

140 g	Nüsslisalat

Nüsslisalat in eine Schüssel geben, Sauce untermischen. Mit Croûtons, Räuchertofuwürfeln und Eiern garnieren.

Tipp

Der Salat kann zusätzlich mit gerösteten Cashewkernen garniert werden.

Reissalat
Seite 188

Orecchiette-Rucola-Salat
Seite 187

Orecchiette-Rucola-Salat

4 Portionen

1½ EL	Ketchup	
½ TL	Senf	
½ TL	Tamari-Sojasauce	
1 Prise	Madras-Curry	
¼ TL	Salz	
½ TL	Rohzucker	
160 g	Tofu	
250 g	Orecchiette	
20 g	Rucola	
Je 1 Zweig	Basilikum und Petersilie	
	Salz, Pfeffer, Rohzucker	
120 g	Tomatenwürfel	
3 EL	Aceto Balsamico, weiss	
0,8 dl	Olivenöl	
	Salz, Pfeffer	
80 g	grüne Oliven, entsteint	

Backofen auf 190 °C Ober- und Unterhitze vorheizen.

Marinade Alle Zutaten in einer Schüssel verrühren. Tofu in 1 cm grosse Würfel schneiden, mit der Marinade mischen, 15 Minuten marinieren.

Tofuwürfel auf ein mit Backpapier belegtes Blech geben, bei 190 °C zehn Minuten backen, abkühlen lassen.

Orecchiette im Salzwasser al dente kochen, abgiessen. Rucola grob hacken.

Kräuter grob hacken, mit Tomatenwürfeln, Balsamico und Öl in ein hohes Gefäss geben, mit dem Stabmixer pürieren. Mit Salz, Pfeffer und Zucker würzen.

Tomatensauce, Oliven, marinierte Tofuwürfel und gehackten Rucola zu den Orecchiette geben, mischen.

Reissalat

4	Portionen	

2 EL	Apfelessig
1 TL	Senf
1 TL	Birnel
2 EL	Wasser
0,8 dl	Rapsöl
2 EL	Zitronensaft, frisch gepresst
	Salz, Pfeffer

Sauce Alle Zutaten bis und mit Zitronensaft in einen hohen Mixbecher geben, mit dem Stabmixer pürieren. Mit Salz und Pfeffer würzen.

300 g	Langkornreis
6 dl	Wasser
1 TL	Salz
1	rote Zwiebel
130 g	schwarze Oliven, entsteint
170 g	Datteltomaten
½ Bund	Petersilie
150 g	rezenter Schweizer Käse

Reis mit Wasser und Salz in eine Pfanne geben, aufkochen, die Herdplatte abstellen und den Reis zugedeckt 15–20 Minuten ziehen lassen.

Zwiebel schälen, halbieren und in feine Streifen schneiden. Oliven und Tomaten halbieren, Petersilie fein hacken. Den Käse in 2 cm × 5 mm kleine Stifte schneiden.

Gekochten Reis in eine Schüssel geben, leicht abkühlen lassen. Zwiebel, Oliven, Tomaten, Petersilie, Käse und Sauce hinzugeben und mischen. Den Salat zehn Minuten ziehen lassen.

Tipp

Der Salat lässt sich wunderbar vorbereiten und schmeckt am nächsten Tag nochmal so gut. Anstatt Langkornreis einmal schwarzen Venere-Reis ausprobieren. Dies ist ein Vollkornreis mit einem feinen, nussigen Geschmack.

Thai-Gurkensalat

4	Portionen	

0,8 dl	Tamari-Sojasauce
2	Limetten, frisch gepresster Saft
1 dl	Wasser
4 EL	Rohzucker

Sauce Alle Zutaten bis und mit Zucker in einer Schüssel verrühren, bis sich der Zucker aufgelöst hat.

2	Gurken
1	Schalotte
6 Zweige	Koriander
35 g	Erdnüsse

Gurken in Würfel schneiden. Schalotte schälen, in feine Ringe schneiden. Koriander und Erdnüsse grob hacken.

Gurken, Koriander, Schalotte und Erdnüsse zur Sauce geben, mischen und 20 Minuten ziehen lassen.

Tipp

Der Salat schmeckt wunderbar zu Satay-Spiessen (Seite 301) und Crispy Tofu (Seite 76). Wenn alles ganz klein gewürfelt wird, ist es auch ein herrlicher Dip für vietnamesische Glücksrollen (Seite 114).

Cole Slaw

4	Portionen

130 g	vegane Mayonnaise (Seite 136)
2 EL	Apfelessig
1 EL	Rohzucker
2	Karotten
200 g	Weisskabis
3 cm	frischer Meerrettich
	Salz, Pfeffer

Sauce Mayonnaise, Apfelessig und Zucker in einer Schüssel verrühren.

Karotten schälen, an der Röstiraffel reiben. Kabis mit dem Gemüsehobel dazuhobeln.

Meerrettich schälen, mit feiner Reibe dazuraffeln. Mischen, mit Salz und Pfeffer würzen, 15 Minuten ziehen lassen.

Tipp

Für eine leichtere Variante zur Hälfte Sojajoghurt und zur Hälfte vegane Mayonnaise verwenden. Anstelle des Weisskabis und der Karotte einmal Brokkoli auf der Raffel reiben und anstatt Meerrettich frischen Ingwer verwenden. Dann mit wenig gehackten Mandeln verfeinern. Passt hervorragend zum Vegi-Burger (Seite 298).

Tofu
Seitan
Quorn
Tempeh
Paneer

Tofu Sweet and Sour

4	Portionen

1	Knoblauchzehe
1	baumnussgrosses Stück frischer Ingwer
4 EL	Sesamöl
1 dl	Tamari-Sojasauce
4 EL	Rohzucker
200 g	Tofu
1	Karotte
½	Peperoni, rot
½	Peperoni, gelb
2	Frühlingszwiebeln
200 g	Shiitakepilze
1 EL	Sesamöl
3 dl	Gemüsebouillon (Seite 153)
3 EL	Apfelessig
2 EL	Rohzucker
1 EL	Tomatenpüree
1 EL	Tamari-Sojasauce
1 EL	Maizena
3 EL	Wasser
300 g	Ananas
40 g	Mungobohnensprossen

Marinade Knoblauch und Ingwer schälen, fein hacken, mit den restlichen Zutaten in einer Schüssel verrühren.

Tofu in 1,5 cm grosse Würfel schneiden, zur Marinade geben, zehn Minuten marinieren.

Karotte schälen, mit Peperoni in feine Streifen schneiden. Frühlingszwiebeln hacken, grünen Teil in feine Ringe schneiden. Bei Pilzen harte Stiele wegschneiden und Pilze fein schneiden.

Tofu aus der Marinade nehmen, Marinade beiseitestellen. Tofu in einer Bratpfanne kurz anbraten, herausnehmen und beiseitestellen.

Öl im Wok erhitzen. Karotte, Peperoni, Pilze und Zwiebeln darin fünf Minuten unter Rühren anbraten. Marinade, Bouillon, Essig, Zucker, Tomatenpüree und Sojasauce unterrühren, aufkochen.

Maizena mit Wasser verrühren, zugeben, drei Minuten kochen lassen. Ananas rüsten, in Würfel schneiden und mit gebratenem Tofu zugeben, erwärmen. Mungobohnensprossen heiss abspülen, abtropfen und als Garnitur darüberstreuen.

Tofu Tikka Masala

4	Portionen	

4 EL	Tamari-Sojasauce	Sojasauce und Tikka-Masala-Gewürzmischung in einer Schüssel verrühren. Tofu in 1 cm grosse Würfel schneiden, mit der Marinade mischen und 30 Minuten marinieren.
1 TL	Tikka-Masala-Gewürzmischung	
400 g	Tofu	
1	Zwiebel	Zwiebel, Knoblauch und Ingwer schälen, fein hacken. 2 EL Öl in einer Pfanne erhitzen, Zwiebeln, Knoblauch und Ingwer zugeben, auf mittlerer Stufe andünsten. Hitze reduzieren, Kardamom zugeben und mitdünsten.
1	Knoblauchzehe	
1	baumnussgrosses Stück frischer Ingwer	
4 EL	Öl	
¼ TL	Kardamom, gemahlen	
5	Tomaten	Tomatenstrünke entfernen, Tomaten halbieren, entkernen, Fruchtfleisch in 1 cm grosse Würfel schneiden. Tomatenwürfel, Tikka-Masala-Gewürzmischung, Zucker und Bouillon zur Zwiebelmischung geben, 15 Minuten kochen lassen. Restliches Öl in einer Bratpfanne erhitzen. Tofu aus der Marinade nehmen, auf mittlerer Stufe anbraten. Zur Sauce geben, nochmals erwärmen, mit Salz und Pfeffer würzen.
1 TL	Tikka-Masala-Gewürzmischung	
30 g	Rohzucker	
5 dl	Gemüsebouillon (Seite 153)	
	Salz, Pfeffer	
½ Bund	Koriander	Koriander fein hacken, mit Sesamsamen darüberstreuen.
2 EL	schwarze Sesamsamen	

Tipp

Mit Papadam (knuspriges indisches Fladenbrot aus gemahlenen Hülsenfrüchten) servieren. Dazu passt Ingwer-Raita (Seite 123).

Casimir

4	Portionen	

½	Ananas	Ananas rüsten, klein würfeln. Pfirsiche kurz in siedendes Wasser tauchen, im eiskalten Wasser abschrecken, häuten, halbieren, entkernen und in Schnitze schneiden. Litschis schälen, halbieren und entkernen.
2	Pfirsiche	
5	Litschis	
250 g	Quorn	Quorn in 1 cm breite Streifen schneiden, Zwiebel schälen und fein hacken. Öl in einer Bratpfanne erhitzen, Quorn darin fünf Minuten goldbraun anbraten.
½	Zwiebel	
2 EL	Öl	
1½ TL	Madras-Curry	Zwiebel zugeben, zwei Minuten mitbraten. Gewürze und Kokosraspel zugeben, zwei Minuten mitbraten. Mit Süssmost ablöschen, einkochen lassen.
1½ TL	Kurkuma	
½ TL	Koriander, gemahlen	
1 EL	Kokosraspel	
1 dl	Süssmost	
2 dl	Rahm	Rahm und Bouillon zugeben, Früchte beifügen. Casimir sieben Minuten auf kleiner Stufe köcheln lassen. Mit Salz und Pfeffer würzen.
3 dl	Gemüsebouillon	
	Salz, Pfeffer	

Tipp

Wer mag, garniert das Casimir noch mit zusätzlichen Früchten wie Kiwi, Ananas oder Mango sowie gerösteten Cashewkernen. Nimmt man Tofu statt Quorn und vegane Schlagcreme statt Rahm, ist das Gericht vegan.

Nasi Goreng

4	Portionen	

1	Schalotte
1	Knoblauchzehe
250 g	Pak Choi
½ Stange	Lauch

Schalotte und Knoblauch schälen, fein hacken. Pak Choi in mundgerechte Stücke schneiden. Lauch längs halbieren und schräg in dünne Scheiben schneiden.

4 EL	Öl
3 EL	Tomatenmark
600 g	Basmatireis, gekocht

2 EL Öl in einer Bratpfanne erhitzen. Schalotte und Knoblauch darin auf mittlerer Stufe glasig anbraten. Pak Choi, Lauch und Tomatenmark zugeben, zwei Minuten mitbraten. Reis unterrühren, erwärmen, gelegentlich umrühren.

200 g	Tempeh
4	Eier

Tempeh in Scheiben schneiden. 1 EL Öl erhitzen, Tempeh darin goldbraun braten, auf Haushaltspapier entfetten. Restliches Öl in einer Bratpfanne erhitzen, Eier in die Bratpfanne schlagen, Spiegeleier braten.

40 g	Mungobohnensprossen
50 g	Erdnüsse

Mungobohnensprossen heiss abwaschen, abtropfen. Erdnüsse grob hacken.

3 EL	Tamari-Sojasauce
	Pfeffer

Nasi Goreng mit Sojasauce und Pfeffer würzen. Tempehscheiben und Spiegeleier darauf verteilen, mit Mungobohnensprossen und gehackten Erdnüssen bestreuen.

Tipp

Anstatt Tempeh kann auch Tofu verwendet werden.
Dazu passt Sweet-Chili-Sauce (Seite 122).
600 g Basmatireis entsprechen 200 g ungekochtem Reis.

Nasi Goreng
Seite 196

Casimir
Seite 195

Panaeng-Curry

4	Portionen		

120 g	Ketchup
1 TL	grüne Thai-Currypaste (Seite 118)
1 EL	Tamari-Sojasauce
400 g	Seitan

Marinade Zutaten in einer Schüssel verrühren. Seitan diagonal in ganz dünne Streifen schneiden, mit der Marinade mischen, 30 Minuten ziehen lassen.

3 EL	Öl
1 TL	grüne Thai-Currypaste
2 EL	Tomatenpüree
80 g	Erdnüsse, gehackt
6 dl	Kokosmilch
4 dl	Bouillon
2	Kaffir-Limetten-Blätter
3 EL	Tamari-Sojasauce
2 EL	Rohzucker

1 EL Öl in einer grossen Pfanne erhitzen. Thai-Currypaste, Tomatenpüree und Hälfte der Erdnüsse zugeben, zwei Minuten andünsten. Kokosmilch, Bouillon, Kaffir-Limetten-Blätter, Sojasauce und Zucker zugeben, umrühren. 15 Minuten einkochen lassen, gelegentlich umrühren.

100 g	Long Beans
200 g	Minimaiskolben

Long Beans in 3 cm grosse Stücke schneiden, drei Minuten in siedendem Salzwasser blanchieren, in kaltem Wasser abschrecken, abtropfen. Minimaiskolben quer halbieren.

1	Aubergine

Aubergine in 1,5 cm grosse Würfel schneiden. 1 EL Öl in einer Bratpfanne stark erhitzen, Aubergine goldbraun anbraten, auf Haushaltspapier entfetten. 1 EL Öl in der Bratpfanne erhitzen, marinierten Seitan goldbraun anbraten, auf Haushaltspapier entfetten.

	Salz, Pfeffer

Kaffir-Limetten-Blätter aus dem Curry nehmen. Sauce mit dem Stabmixer fein pürieren. Angebratene Auberginenwürfel, Seitan, Maiskolben und Long Beans zugeben, Sauce erhitzen. Mit Salz und Pfeffer würzen, mit den gehackten Erdnüssen bestreuen.

Rotes Thai-Curry

4	Portionen	

1	Zwiebel	Zwiebel und Knoblauch schälen, fein hacken. Zitronengras halbieren, unteres Drittel leicht zerquetschen. 1 TL Öl in einer Bratpfanne erhitzen, Zwiebel darin andünsten. Zitronengras und rote Currypaste zugeben, kurz mitdünsten. Sojasauce bis und mit Kaffir-Limetten-Blätter zugeben, umrühren, mit Kokosmilch ablöschen. Fünf Minuten köcheln lassen.
1	Knoblauchzehe	
1 TL	Öl	
2	Zitronengrasstängel	
2 TL	rote Thai-Currypaste (Seite 118)	
1 EL	Tamari-Sojasauce	
1 EL	Reiswein	
2 EL	Zitronensaft, frisch gepresst	
1 EL	Rohzucker	
2	Kaffir-Limetten-Blätter	
6 dl	Kokosmilch	
6 dl	Gemüsebouillon (Seite 153)	Bouillon zugeben, aufkochen, zehn Minuten leicht kochen lassen. Zitronengras und Kaffir-Limetten-Blätter herausnehmen, Sauce mit dem Stabmixer pürieren.
100 g	Kartoffeln	Kartoffeln schälen, in 2 cm grosse Würfel schneiden, zugeben und 10–15 Minuten weichkochen. Long Beans in 6 cm grosse Stücke schneiden, drei Minuten blanchieren, in Eiswasser abschrecken, abtropfen.
150 g	Long Beans	
1	Aubergine	Aubergine in 1.5 cm grosse Würfel schneiden. 1 EL Öl in einer Bratpfanne stark erhitzen, Auberginenwürfel darin goldbraun braten, auf Haushaltspapier entfetten. Pilze in Streifen schneiden. 1 EL Öl in der Bratpfanne erhitzen, Pilze darin goldbraun braten, auf Haushaltspapier entfetten.
2 EL	Öl	
200 g	Austernpilze	
	Salz, Pfeffer	Long Beans und Austernpilze in die Sauce geben, erhitzen, mit Salz und Pfeffer würzen. Mit Auberginenwürfeln, Limettenschnitzen und Koriander garnieren.
1	Limette, in Vierteln	
½ Bund	Koriander, fein gehackt	

Tipp

Mit Jasminreis servieren.

Grünes Thai-Curry

4	Portionen		
1	Schalotte	Schalotte und Ingwer schälen, fein hacken. Zitronengras halbieren, unteres Ende leicht zerquetschen.	
1	baumnussgrosses Stück frischer Ingwer		
2	Zitronengrasstängel		
3 EL	Öl	1 EL Öl in einer grossen Pfanne erhitzen, Schalotte und Ingwer darin zwei Minuten andünsten. Zitronengras, Currypaste und Limettenviertel zugeben, zwei Minuten mitdünsten. Kurkuma, Salz, Zucker, Kokosmilch und Bouillon zugeben und aufkochen. 30 Minuten einkochen lassen.	
2 EL	grüne Thai-Currypaste (Seite 118)		
½	Limette, in Vierteln		
1 TL	Kurkuma		
1 TL	Salz		
1 EL	Rohzucker		
6 dl	Kokosmilch		
6 dl	Gemüsebouillon (Seite 153)		
200 g	Long Beans	Long Beans in 3 cm lange Stücke schneiden, im kochenden Salzwasser drei Minuten blanchieren, in kaltem Wasser abschrecken, abtropfen lassen. Minimaiskolben schräg halbieren, Choisum längs vierteln.	
200 g	Minimaiskolben		
200 g	Choisum		
1	Aubergine	Aubergine in 1,5 cm grosse Würfel schneiden. Quorn in 2 cm lange Stücke schneiden. Restliches Öl in einer Bratpfanne erhitzen. Aubergine und Quorn darin separat goldbraun anbraten, auf Haushaltspapier entfetten.	
250 g	Quorn		
	Salz, Pfeffer		
½ Bund	Koriander	Zitronengras und Limetten aus dem Curry nehmen, alles mit dem Stabmixer fein pürieren. Gemüse und Quorn zugeben, aufkochen. Koriander fein hacken und darüberstreuen.	

Tipp

Choisum, auch chinesischer Blütenkohl genannt, ist in Asia-Läden erhältlich. Alternativ kann Pak Choi oder Mangold verwendet werden. Mit Tofu statt Quorn ist das Gericht vegan.

Palak Paneer

4	Portionen		

		Backofen auf 180 °C Ober- und Unterhitze vorheizen.
500 g	Paneer	Paneer in 2 cm grosse Würfel schneiden, auf einem mit Backpapier belegten Blech verteilen, bei 180 °C ca. 20 Minuten backen.
1 1 1	Zwiebel Knoblauchzehe baumnussgrosses Stück frischer Ingwer	Zwiebel und Knoblauch schälen, fein hacken. Ingwer fein reiben.
1 EL ½ TL	Öl Kreuzkümmelsamen	Öl in einer Bratpfanne erhitzen, Zwiebel darin auf mittlerer Stufe glasig andünsten. Knoblauch, Ingwer und Kreuzkümmelsamen zugeben, auf mittlerer Stufe zehn Minuten andünsten.
5 dl 2 dl 1 Prise 1 TL ½ TL 1 TL 1 TL 1 TL	Gemüsebouillon (Seite 153) Rahm Kurkuma Koriander, gemahlen Kreuzkümmel, gemahlen Garam Masala Madras-Curry Paprika, edelsüss	Bouillon, Rahm und restliche Gewürze zugeben, aufkochen, 20 Minuten köcheln lassen.
250 g	Blattspinat, frisch Salz, Pfeffer	Hälfte des frischen Blattspinats zugeben, Sauce mit dem Stabmixer pürieren. Restlichen Blattspinat und Paneer zugeben, einmal aufkochen, mit Salz und Pfeffer würzen.

Tipp

Mit Naan (indisches Fladenbrot aus Hefeteig) oder Reis servieren.

Matar Paneer

4	Portionen		
450 g	Paneer	Backofen auf 180 °C Ober- und Unterhitze vorheizen. Paneer in 2 cm grosse Würfel schneiden, auf einem mit Backpapier belegten Blech verteilen, bei 180 °C 20 Minuten backen.
1	Zwiebel	Zwiebel und Knoblauch schälen, fein hacken. Ingwer fein reiben.
1	Knoblauchzehe	
1	baumnussgrosses Stück frischer Ingwer	
1 EL	Öl	Öl in einer Bratpfanne erhitzen, Zwiebel darin auf mittlerer Stufe glasig andünsten. Knoblauch, Ingwer und Gewürze zugeben, fünf Minuten andünsten.
1 TL	Kurkuma	
¼ TL	Koriander, gemahlen	
¼ TL	Kreuzkümmel, gemahlen	
1 Prise	Garam Masala	
4	Tomaten	Tomatenstrünke entfernen, Tomaten vierteln, in kleine Würfel schneiden. Tomaten, Erbsen und Bouillon zu den Zwiebeln geben, 20 Minuten köcheln lassen. Koriander fein hacken.
200 g	Erbsen	
2 dl	Gemüsebouillon (Seite 153)	
¼ Bund	Koriander	
	Salz, Pfeffer	Paneer zugeben, nochmals aufkochen, mit Salz und Pfeffer würzen. Mit gehacktem Koriander bestreuen.

Tipp

Matar Paneer mit Reis, Papadam (knuspriges indisches Fladenbrot aus gemahlenen Hülsenfrüchten) und Kokos-Chutney (Seite 125) geniessen.

Paprika-Geschnetzeltes

4	Portionen	

600 g	Quorn
1	Zwiebel
1	Knoblauchzehe
2 EL	Öl
2 EL	Paprika, edelsüss
1 TL	Rohzucker
	Salz, Pfeffer
1,5 dl	Süssmost
3 dl	Bouillon
3 dl	Rahm
90 g	Essiggurken
	Salz, Pfeffer
4 EL	Sauerrahm
	wenig Schnittlauch

Quorn in 5 mm dünne Streifen schneiden. Zwiebel und Knoblauch schälen, fein hacken.

Öl in einer Bratpfanne erhitzen. Quornstreifen darin unter Wenden fünf Minuten leicht braun anbraten, herausnehmen und warmstellen. Zwiebeln und Knoblauch in die Pfanne geben, zwei Minuten braten. Mit Paprika, Zucker, Salz und Pfeffer würzen. Mit Süssmost ablöschen, einkochen lassen.

Bouillon und Rahm zugeben, auf kleiner Stufe zehn Minuten köcheln lassen. Quorngeschnetzeltes dazugeben und erneut aufkochen lassen. Essiggurken in feine Streifen schneiden.

Geschnetzeltes mit Salz und Pfeffer würzen, mit Essiggurken, Sauerrahm und Schnittlauch garnieren.

Tipp

Schmeckt mit Rösti (Seite 64), Naturreis, Wildreismix, Teigwaren, Kartoffelstock (Seite 240).

Veganes Züri-Geschnetzeltes

4	Portionen	
5 EL	Ketchup	
2 EL	Senf	
2 EL	Tamari-Sojasauce	
½ TL	Madras-Curry	
2 TL	Salz	
1 TL	Rohzucker	
500 g	Seitan	
400 g	Champignons	
1	Zwiebel	
3 EL	Öl	
2 dl	Gemüsebouillon (Seite 153)	
2,5 dl	Balsamico-Sauce (Seite 135)	
3 dl	vegane Saucencreme	
4 Zweige	Petersilie	
1 TL	Zitronensaft, frisch gepresst	
	Salz, Pfeffer	

Marinade Alle Zutaten in einer grossen Schüssel verrühren.

Seitan in sehr dünne Streifen schneiden, zur Marinade geben und ca. 30 Minuten marinieren.

Champignons putzen, in feine Scheiben schneiden. Zwiebel schälen, fein hacken. 1 EL Öl in einer Bratpfanne erhitzen, Zwiebel darin auf mittlerer Stufe leicht anbraten. Pilze zugeben, für fünf Minuten mitbraten.

Mit Bouillon ablöschen, unter Rühren einkochen lassen. Balsamico-Sauce und vegane Saucencreme zugeben, 20 Minuten oder bis zur gewünschten Konsistenz einkochen.

Restliches Öl in einer Bratpfanne erhitzen, Seitanstreifen darin auf mittlerer Stufe goldbraun anbraten. Petersilie fein hacken. Angebratenen Seitan zur fertigen Sauce geben, nochmals aufkochen. Zitronensaft zugeben, mit Salz und Pfeffer würzen. Mit gehackter Petersilie bestreuen.

Tipp

Es empfiehlt sich, die Seitanstreifen über Nacht in der Marinade zu lassen. So kann die Marinade den Geschmack vollumfänglich entfalten.

Veganes Züri-Geschnetzeltes
Seite 206

Paprika-Geschnetzeltes
Seite 205

Vegi-Tatar

4	Portionen	

		Backofen auf 220 °C Ober- und Unterhitze vorheizen.
2	Auberginen	Auberginen mit einer Gabel mehrmals einstechen, auf ein mit Backpapier belegtes Blech legen, bei 220 °C 40–50 Minuten backen, abkühlen lassen.
1	Schalotte	Schalotte schälen, mit Essiggurken, Kapern und Oliven fein hacken.
50 g	Essiggurken	
50 g	Kapern	
50 g	grüne Oliven, entsteint	
10 g	Randenpulver	Abgekühlte Auberginen halbieren, Fruchtfleisch mit einem Löffel herauskratzen, in ein Sieb geben, Flüssigkeit ausdrücken. Fruchtfleisch in ein hohes Gefäss geben, Randenpulver unterrühren, mit dem Stabmixer fein pürieren.
300 g	Okara	Auberginenmasse in eine Schüssel füllen. Okara, Ketchup, Senf, Paprika, Zucker und Kurkuma zugeben und unterrühren. Mit Salz, Pfeffer und wenig Tabasco würzen. Mit Kapern und Zwiebelringen garnieren.
200 g	Ketchup	
1 TL	Senf, mild	
1 TL	Paprika, edelsüss	
1 EL	Rohzucker	
2 TL	Kurkuma	
	Salz, Pfeffer, Tabasco	
1 EL	Kapern	
1 EL	rote Zwiebelringe	

Tipp

Dazu passt frischer Toast. Wer mag, serviert es zusätzlich mit einem frischen Eigelb. Tabasco ist eine scharfe, amerikanische Chilisauce aus Tabasco-Chilis.

Vegi-Tatar
Seite 208

Chili sin Carne

4	Portionen	

50 g	weisse Bohnen	Hülsenfrüchte separat über Nacht in der dreifachen Menge Wasser einweichen.
30 g	Soissons-Riesenbohnen	
100 g	Kidneybohnen	Hülsenfrüchte morgens abgiessen, in frischem Wasser ohne Salz separat 40–50 Minuten weichkochen. Abgiessen, abtropfen.
1	Zwiebel	Zwiebel und Knoblauch schälen, fein hacken. Peperoni halbieren, entkernen und fein würfeln. Öl in einer Pfanne erhitzen. Zwiebel, Knoblauch und Peperoni zugeben, auf mittlerer Stufe fünf Minuten anbraten, gelegentlich umrühren. Tomatenpüree, Sojagehacktes und Paprika zugeben, zwei Minuten mitbraten. Weizenschrot, Apfelessig und Bouillon zugeben, aufkochen.
1	Knoblauchzehe	
1½	Peperoni, rot	
2 EL	Öl	
1 EL	Tomatenpüree	
70 g	Sojagehacktes	
1 EL	Paprika, edelsüss	
2 EL	Weizenschrot	
1 TL	Apfelessig	
7 dl	Gemüsebouillon (Seite 153)	
1	Karotte	Karotte und Kartoffel schälen, in feine Streifen raffeln, unterrühren, 15 Minuten weichkochen. Essiggurken in feine Streifen schneiden, Koriander fein hacken.
1	Kartoffel, festkochend	
50 g	Essiggurken	
¼ Bund	Koriander	
70 g	Maiskörner	Wenn das Gemüse weich ist, gekochte Bohnen, Mais und Saucencreme unterrühren. Mit Salz und Pfeffer würzen, nochmals aufkochen. Mit Essiggurken und Koriander garnieren.
2 EL	vegane Saucencreme	
	Salz, Pfeffer	

Tipp

Mit Guacamole und Nacho-Chips servieren. Wenn es schneller gehen muss, Hülsenfrüchte aus der Dose verwenden.

Chili sin Carne
Seite 210

Vegi-Köttbullar

4 Portionen

75 g	altes Weissbrot
4	Eier
0,6 dl	Milch
100 g	Butter
1 TL	Gemüsebouillonpulver
½ Bund	Petersilie
1	Zwiebel
1 EL	Öl
1 Prise	Nelken, gemahlen
1	Lorbeerblatt
250 g	Sojagehacktes
100 g	Okara
75 g	Paniermehl
	Pfeffer

Hackbällchen Brot klein würfeln. Eier mit der Milch in einer Schüssel mischen, Brot zugeben, mischen und einweichen. Butter in einer Pfanne auf kleiner Stufe schmelzen, Bouillonpulver zugeben und darin auflösen, beiseitestellen.

Petersilie fein hacken, Zwiebel schälen und fein würfeln. 1 EL Öl in einer Bratpfanne erhitzen, Zwiebeln, Nelkenpulver und Lorbeerblatt darin fünf Minuten anbraten. Lorbeerblatt entfernen, Sojagehacktes, Okara und gehackte Petersilie unterrühren.

Eingeweichtes Brot von Hand zerquetschen und zur Sojagehacktes-Mischung geben. Die Mischung mit geschmolzener Butter und Paniermehl von Hand zu einer homogenen Masse vermischen. Mit Pfeffer würzen, zugedeckt kühl stellen.

300 g	Champignons
1	Zwiebel
1 EL	Olivenöl
2 dl	Süssmost
2 dl	Balsamico-Sauce (Seite 135)
3 dl	vegane Saucencreme
	Salz, Pfeffer, Muskatnuss
1 EL	Öl

Pilzsauce Champignons putzen, in dünne Scheiben schneiden. Zwiebel schälen, fein hacken. Öl in einer Pfanne erhitzen, Zwiebel auf mittlerer Stufe glasig anbraten. Pilze zugeben und 2–3 Minuten mitbraten. Mit Süssmost ablöschen, unter Rühren etwas einkochen lassen. Balsamico-Sauce und Saucencreme unterrühren, alles mit dem Stabmixer pürieren. Mit Salz, Pfeffer und Muskatnuss würzen, einkochen lassen.

Hackbällchenteig aus dem Kühlschrank nehmen, von Hand etwa 50 baumnussgrosse Bällchen formen. Öl in einer Bratpfanne erhitzen, Bällchen darin auf hoher Stufe anbraten. Köttbullar zur Pilzsauce geben, nochmals erwärmen.

Tipp

Die Köttbullar werden klassisch mit Preiselbeeren und Kartoffelstock serviert.

Vegi-Hackbraten

4 Portionen

150 g	altes Brot
8	Eier
1 dl	Milch nach Wahl
3 TL	Randenpulver
200 g	Butter
2 TL	Gemüsebouillonpulver
1 Bund	Petersilie
1	Zwiebel
4 EL	Olivenöl
1 Messerspitze	Nelken, gemahlen
2	Lorbeerblätter
400 g	Sojagehacktes
100 g	Okara
100 g	Paniermehl
	Pfeffer

Backofen auf 170 °C Umluft vorheizen.

Brot in kleine Würfel schneiden, in eine grosse Schüssel geben. Eier, Milch und Randenpulver in einem hohen Gefäss mit dem Stabmixer pürieren, zum Brot geben, mischen und einweichen.

Butter in einer Pfanne auf kleiner Stufe schmelzen, Bouillonpulver zugeben, darin auflösen und beiseitestellen.

Petersilie fein hacken, Zwiebel schälen, klein würfeln. 2 EL Öl in einer Bratpfanne erhitzen, Zwiebel, Nelkenpulver und Lorbeerblättern darin drei Minuten andünsten. Lorbeerblätter entfernen. Sojagehacktes, Okara und gehackte Petersilie dazu geben und mischen.

Eingeweichtes Brot von Hand zerquetschen. Sojagehacktes-Mischung, geschmolzene Butter und Paniermehl zugeben, von Hand zu einer homogenen Masse vermischen. Mit Pfeffer würzen, Masse eine Stunde kühl stellen.

Gratinform mit restlichem Öl einfetten, gekühlte Masse hineinfüllen, bei 170 °C in der Mitte des Ofens 40 Minuten backen.

Tipp

Mit Kartoffelstock (Seite 240) und Balsamico-Sauce (Seite 135) servieren. Dazu passt ein saisonaler Blattsalat.

Kartoffelstock
Seite 240

Vegi-Hackbraten
Seite 214

Vegi-Cordon-bleu

4 Stück

80 g	Ketchup
2 EL	Senf
2 EL	Tamari-Sojasauce
1 Prise	Chili, gemahlen
½ TL	Madras-Curry
2 TL	Salz
1 TL	Rohzucker

Marinade Alle Zutaten in einer Schüssel miteinander verrühren.

4	runde Scheiben Seitan, 0,5 mm dünn, Ø ca. 20 cm
4	rechteckige Scheiben Räuchertofu à 20 g
4	rechteckige Scheiben rezenter Käse à 60 g Zahnstocher

Füllung Seitanscheiben nebeneinander auf ein grosses Schneidbrett legen, jeweils mit der Hälfte der Marinade bepinseln. Auf jede Seitanscheibe eine Räuchertofuscheibe legen, darauf eine Käsescheibe legen. Seitanscheiben jeweils von oben und von unten über der Füllung zusammenklappen, mit Zahnstochern feststecken, rundherum mit der restlichen Marinade bestreichen.

50 g	Mehl
100 g	Paniermehl
2	Eier

Panade Drei Suppenteller bereitstellen: den ersten mit Mehl, den zweiten mit aufgeschlagenen und verquirlten Eiern, den dritten mit Paniermehl.

Seitantaschen in dieser Reihenfolge gleichmässig panieren, Paniermehl gut festdrücken.

0,8 dl	Öl

Öl in zwei Bratpfannen erhitzen. Je zwei Cordons bleus in eine Bratpfanne geben, zehn Minuten goldbraun anbraten, nach fünf Minuten wenden. Cordons bleus herausnehmen, kurz auf Haushaltspapier entfetten.

Tipp

Ein Cordon bleu wird meist mit einem Zitronenschnitz, grünem Blattsalat und Kartoffelsalat oder Pommes frites serviert.

Vegi-Cordon-bleu
Seite 216

Shepherd's Pie

1	Gratinform (2 kg)	

Backofen auf 180 °C Ober- und Unterhitze vorheizen.

50 g	Sellerie
½	Karotte
½	Zwiebel
1	Knoblauchzehe
Je 1 Zweig	Rosmarin, Majoran, Oregano, Basilikum, Thymian, abgezupfte Blätter

Sellerie und Karotte schälen, in kleine Würfel schneiden. Zwiebel und Knoblauch schälen, mit Kräutern fein hacken.

4 EL	Olivenöl
100 g	Sojagehacktes
1½ EL	Tomatenpüree

2 EL Öl erhitzen, Sojagehacktes zugeben, fünf Minuten anbraten. Gemüsewürfel, Zwiebeln und Knoblauch zugeben, Tomatenpüree zugeben und zwei Minuten mitdünsten.

200 g	gehackte Tomaten
2½ dl	Gemüsebouillon (Seite 153)
	Salz, Pfeffer, Rohzucker, Muskatnuss

Gehackte Tomaten, Bouillon und Kräuter zugeben und aufkochen. Mit Salz, Pfeffer, Zucker und Muskatnuss würzen, 30 Minuten kochen lassen.

1	Rezeptmenge Kartoffelstock (Seite 240)
80 g	Hartkäse

Kartoffelstock zubereiten. Käse fein reiben, Gratinform mit restlichem Öl einfetten.

80 g	Erbsen

Erbsen zur fertigen Sauce geben und unterrühren, Sauce in die Gratinform füllen. Kartoffelstock darauf verteilen, geriebenen Käse darüberstreuen. 20 Minuten bei 180 °C überbacken.

Tipp

Das Rezept eignet sich, um verschiedene Gemüsereste aufzubrauchen. Diese können jeweils fein gewürfelt der Sauce beigegeben werden. Reste von Kartoffelstock können mit diesem Gericht ebenfalls gut verwertet werden.

Shepherd's Pie
Seite 218

Gemüse

Malaysia Rendang
Seite 222

Thai-
Massaman-Curry
Seite 223

Malaysia Rendang

4	Portionen	

1	Zitronengrasstängel
0,6 dl	Öl
1	Sternanis
1 EL	grüne Thai-Currypaste (Seite 118)
3	Kaffir-Limetten-Blätter
1 TL	Tamarindenpaste
1 TL	Zitronensaft, frisch gepresst
1 TL	Kurkuma
1 TL	Paprika, edelsüss
1 TL	Koriander, gemahlen
2 EL	Kokosraspel
4 dl	Kokosmilch
2 EL	Tamari-Sojasauce
1 TL	Jaffna-Curry
20 g	Palmzucker
2 dl	Gemüsebouillon (Seite 153)

Zitronengras halbieren und unteres Drittel leicht zerquetschen. 1 EL Öl in einer grossen Pfanne erhitzen. Zitronengras, Sternanis, Currypaste und Kaffir-Limetten-Blätter zwei Minuten anbraten. Alle übrigen Zutaten beigeben, mischen, 20 Minuten köchen lassen.

250 g	Shiitakepilze
1	Zucchetti
1	Aubergine
150 g	Wirz

Stiele der Pilze herausschneiden, Pilze in Scheiben schneiden. Zucchetti längs halbieren und schräg in 1 cm dicke Scheiben schneiden. Aubergine 2 cm gross würfeln. Wirz in 2 cm grosse Stücke schneiden.

Übriges Öl in einer Bratpfanne erhitzen. Gemüse portionenweise goldbraun anbraten.

	Salz, Pfeffer
2 EL	Kokosraspel

Zitronengras, Kaffir-Limetten-Blätter und Sternanis aus der Sauce entfernen. Sauce mit dem Stabmixer pürieren. Gemüse zugeben, nochmals aufkochen. Mit Salz und Pfeffer würzen. Mit Kokosraspeln bestreuen.

Tipp

Das säuerliche Fruchtfleisch der Tamarinde ist sehr beliebt in der asiatischen Küche und als Paste in Asia-Läden erhältlich. Alternativ kann Zitronensaft verwendet werden.

Thai-Massaman-Curry

4	Portionen	
2	Kartoffeln	Kartoffeln schälen, in 2 cm grosse Würfel schneiden, in Salzwasser 15–20 Minuten weichkochen. Abgiessen, beiseitestellen.
1	Zwiebel	Zwiebel schälen, in Schnitze schneiden. 1 EL Öl in einem Wok oder einer Bratpfanne erhitzen, Zwiebel darin auf mittlerer Stufe glasig braten. Currypaste hinzufügen, kurz mitbraten. Kokosmilch und Bouillon zugeben. Mit Sojasauce, Zitronensaft und Zucker würzen und 15 Minuten oder bis zur gewünschten Konsistenz einkochen.
3 EL	Öl	
1 EL	grüne Thai-Currypaste (Seite 118)	
3 dl	Kokosmilch	
3 dl	Gemüsebouillon (Seite 153)	
1 EL	Tamari-Sojasauce	
1 EL	Zitronensaft, frisch gepresst	
1 TL	Rohzucker	
1	Peperoni, rot	Peperoni und Aubergine in 2 cm grosse Würfel schneiden. Übriges Öl in einer Bratpfanne erhitzen und separat portionenweise anbraten.
½	Aubergine	
1	Apfel	Apfel vierteln, Kerngehäuse entfernen, in dünne Schnitze schneiden. Apfelschnitze, gekochte Kartoffeln, Auberginen- und Peperoniwürfel zum Curry geben, nochmals aufkochen. Mit Salz und Pfeffer würzen und fünf Minuten ziehen lassen.
	Salz, Pfeffer	
1	Limette	Limette vierteln. Koriander und Erdnüsse fein hacken. Das Massaman-Curry mit Erdnüssen und Koriander bestreuen, mit Limettenschnitzen garnieren.
2 Zweige	Koriander	
40 g	Erdnüsse	

Tipp

Dazu passen Reisnudeln, Fried Rice (Seite 267) oder Jasminreis.

Südindisches Avial
Seite 225

Indisches Jalfrezi
Seite 226

Südindisches Avial

4	Portionen	

2	Karotten
3	Kartoffeln
2	Zucchetti

Karotten und Kartoffeln schälen, mit den Zucchetti in 1,5 cm grosse Würfel schneiden. Karotten und Kartoffeln in Salzwasser 12–15 Minuten knapp weich kochen. Zwei Minuten vor Ende der Garzeit Zucchetti zugeben und mitkochen. Gemüse abgiessen, abtropfen, beiseitestellen.

2 EL	Öl
4	Curryblätter
1 TL	schwarze Senfsamen
½ TL	Kreuzkümmelsamen
½	Zimtstange

Während das Gemüse kocht, das Öl in einer Pfanne erhitzen. Curryblätter, Senfsamen, Kreuzkümmelsamen und Zimtstange auf kleiner Stufe vorsichtig andünsten.

1	Zwiebel
1	baumnussgrosses Stück frischer Ingwer
½ TL	Kreuzkümmel, gemahlen
1 TL	Koriander, gemahlen
1 TL	Kurkuma
1 EL	Wasser

Zwiebel schälen, mit dem Ingwer fein hacken und in die Pfanne geben, fünf Minuten mitdünsten. Kreuzkümmel, Koriander, Kurkuma und Wasser zugeben, kurz mitdünsten.

4 dl	Kokosmilch
2 dl	Gemüsebouillon (Seite 153)
1 TL	Rohzucker

Kokosmilch, Bouillon und Zucker hinzufügen und zehn Minuten köcheln.

500 g	Naturejoghurt
	Salz, Pfeffer
1 EL	Senfsamen

Zimtstange entfernen. Sauce mit dem Stabmixer pürieren. Kartoffeln, Karotten, Zucchetti und Joghurt beifügen, nochmals erwärmen und mit Salz und Pfeffer würzen. Mit Senfsamen bestreuen.

Tipp

Das Avial wird saisonal mit Kürbis anstatt mit Karotten zubereitet.

Indisches Jalfrezi

4	Portionen	

150 g	Blumenkohl	Blumenkohl in Röschen teilen. Karotte schälen und mit den Zucchetti längs halbieren, schräg in 1 cm dicke Scheiben schneiden. Peperoni entkernen, in 1,5 cm grosse Stücke schneiden. Zwiebeln schälen und in Ringe schneiden.
1	Karotte	
1	Zucchetti	
1	Peperoni, rot	
2	Zwiebeln	
2 EL	Öl	Öl in einer Pfanne erhitzen. Fenchelsamen, Lorbeerblatt, Sternanis und Kreuzkümmelsamen auf kleiner Stufe andünsten, bis es duftet. Zwiebeln dazugeben, mitdünsten.
½ TL	Fenchelsamen	
1	Lorbeerblatt	
1	Sternanis	
1 TL	Kreuzkümmelsamen	
1	Knoblauchzehe	Knoblauch schälen, fein hacken. Mit restlichen Gewürzen, Zitronensaft und Kokosraspeln in einer Schüssel zu einer Paste verrühren.
2 Prisen	Kurkuma	
2 Prisen	Kardamom, gemahlen	
1 Prise	Nelken, gemahlen	
½ TL	Ingwer, gemahlen	
½ TL	Kreuzkümmel, gemahlen	
1 TL	Garam Masala	
1 TL	Koriander, gemahlen	
1 EL	Zitronensaft, frisch gepresst	
1 EL	Kokosraspel	
1 EL	Tomatenpüree	Paste und Tomatenpüree in die Pfanne geben, zwei Minuten mitdünsten. Mit Tomatensaft, Bouillon und Kokosmilch ablöschen, zehn Minuten kochen lassen, mit dem Stabmixer pürieren.
4 dl	Tomatensaft	
3 dl	Gemüsebouillon (Seite 153)	
1 dl	Kokosmilch	
100 g	Erbsen	Karotte und Blumenkohl zugeben, ca. zehn Minuten knapp weich kochen. Peperoni und Zucchetti beigeben, weichkochen. Erbsen beigeben, nochmals aufkochen, mit Salz und Pfeffer würzen. Mit Minzblättern bestreuen.
	Salz, Pfeffer	
2 Zweige	Minze, abgezupfte Blätter	

Latkes

16 Plätzchen

1	Zwiebel
1	Knoblauchzehe
3 EL	Olivenöl
1 kg	Kartoffeln, festkochend
100 g	Mehl
2	Eier
	Salz, Pfeffer

Zwiebel und Knoblauch schälen, fein hacken. 1 EL Öl in einer Bratpfanne erhitzen, Zwiebel und Knoblauch darin glasig anbraten, abkühlen lassen.

Kartoffeln schälen, fein raffeln. Kurz ausdrücken, in einer Schüssel mit Zwiebel und Knoblauch, Mehl und Eiern mischen, kräftig mit Salz und Pfeffer würzen.

Übriges Öl in der Bratpfanne erhitzen. Pro Plätzchen ca. 3 EL Kartoffelmischung hineingeben, portionenweise 16 Plätzchen goldbraun braten. Plätzchen jeweils einmal wenden. Latkes auf Haushaltspapier entfetten.

Tipp

Latkes werden traditionell mit Apfelmus und Sauerrahm serviert. Sie lassen sich sehr gut einfrieren.

Shakshuka

4	Portionen

2	Knoblauchzehen
1	Peperoni, rot
1	Peperoni, gelb
6	Tomaten
2 EL	Öl
2 TL	Tomatenpüree
½ TL	Kreuzkümmelsamen
1 TL	Salz
1 dl	Gemüsebouillon (Seite 153)
2	Lorbeerblätter
	Salz, Pfeffer
4	Eier

Knoblauch schälen, fein hacken. Peperoni entkernen, in kleine Würfel schneiden. Tomatenstrünke entfernen und Tomaten in kleine Würfel schneiden.

Öl in einer Pfanne erhitzen. Tomatenpüree mit Peperoni, Knoblauch, Kreuzkümmel und Salz zugeben.
Auf mittlerer Stufe unter regelmässigem Rühren andünsten, bis die Peperoni weich sind.

Tomaten, Bouillon und Lorbeerblätter zugeben, ca. 20 Minuten kochen, bis die Sauce etwas eindickt. Mit Salz und Pfeffer würzen.

Mit einem Löffel vier Vertiefungen in die Sauce machen.
Eier vorsichtig aufbrechen, in die Vertiefungen geben.
Auf kleiner Stufe ca. zehn Minuten weiterköcheln, bis das Eiweiss gestockt, das Eigelb aber noch flüssig ist.

Tipp

Shakshuka ist eine Spezialität der nordafrikanischen und der israelischen Küche. Dazu passen Kartoffeln, Fladenbrot (Seite 314) oder Latkes (Seite 227).

Shakshuka
Seite 228

Latkes
Seite 227

Familienessen mit Tradition

«Vor etwa 70 Jahren hat unsere Familie eine Tradition begonnen. Es wurden, wie mein Grossvater mir erzählte, über Jahre hinweg ganz viele verschiedene Menüs zusammengestellt, bis sich im Laufe der Zeit ein Gericht als das bei allen beliebteste herausstellte: unser Familiengericht! Und hier ist es: etwas Geschmortes, Gemüse (Karotten, Rosenkohl und Lauch) und Pommes frites dazu. Zuerst wird alles einzeln gekocht, am Schluss kommt alles zusammen schön sortiert auf ein Blech und wird nochmals in den Ofen geschoben, bevor es serviert wird. Als Nachtisch gibt es bei uns immer eine selbst gemachte Creme mit Schlagrahm und einer Erdbeere darauf, Zucker und Streusel dürfen ebenfalls nicht fehlen. Wir ergänzten zwar manchmal das Dessert, zum Beispiel mit dem typischen Ehrensperger Schokoladenkuchen – aber nie wechselten wir unser Familiengericht.

Unser Menü gibt es bei uns in der Familie immer dann, wenn jemand von uns Geburtstag hat, an einem Feiertag oder in den gemeinsamen Ferien. Meine Grossmutter hat mir alle die verschiedenen Gerichte beigebracht, ich kann sie nachkochen und nachbacken.

Aber das Schönste finde ich, dass wir an solchen Tagen immer alle zusammen sind und etwas gemeinsam unternehmen.»

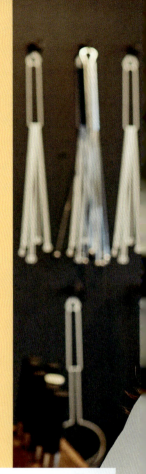

Beim Essen mit meinem Mami

Drei Generationen auf einem Bild

Ofengemüse

4	Portionen	

Den Backofen auf 180 °C Ober- und Unterhitze vorheizen.

1	Süsskartoffel
2	Kartoffeln
1	Zucchetti
1	Rande
2	Karotten
200 g	Kürbis, z. B. Butternuss oder Knirps

Das Gemüse mit der Schale in mundgerechte Stücke schneiden.

4 EL	Olivenöl
	Salz, Pfeffer

Gemüse in einer Schüssel mit Öl mischen, mit Salz und Pfeffer würzen. Auf einem mit Backpapier belegten Blech verteilen, bei 180 °C 30–40 Minuten backen.

Tipp

Besonders schön farbenfroh wird das Gemüse, wenn unterschiedliche Sorten und Farben von Kartoffeln, Karotten und Randen verwendet werden. Das Ofengemüse kann saisonal angepasst werden, es eignen sich ebenfalls Pastinaken, Knollenselerie, Rosenkohl, Petersilienwurzeln usw.

Ofengemüse
Seite 232

Gemüse-Piccata
Seite 234

Gemüse-Piccata

4	Portionen	

1	Aubergine
1	Zucchetti
1	Fenchel

Aubergine in dünne Scheiben schneiden. Zucchetti der Länge nach mit dem Gemüseschäler in dünne Scheiben schneiden. Fenchel mit dem Gemüsehobel oder von Hand in feine Scheiben hobeln.

50 g	Hartkäse, gerieben
3	Eier
100 g	Mehl
1 Prise	Paprika, edelsüss
1 Prise	Muskatnuss
	Salz, Pfeffer

Teig Käse, Eier und die Hälfte des Mehls in einer Schüssel verrühren. Mit Paprika, Muskatnuss, Salz und Pfeffer kräftig würzen. Übriges Mehl in eine Schüssel geben.

3 EL	Öl

Öl in einer Bratpfanne erhitzen. Gemüse portionenweise im Mehl wenden, durch die Eimasse ziehen und auf beiden Seiten goldgelb braten. Auf Haushaltspapier entfetten.

Tipp

Dazu passt eine Tomatensauce (Seite 134) oder eine Ingwer-Raita (Seite 123). Die Gemüse-Piccata kann ebenfalls sehr gut mit grünem Spargel, Chicorée, Knollensellerie, Pastinaken oder Petersilienwurzeln zubereitet werden. Da dieses Gemüse härter ist, muss es kurz in Salzwasser blanchiert werden.

Kartoffelgratin

4	Portionen	

	Butter	Den Backofen auf 170 °C Ober- und Unterhitze vorheizen.
		Die Gratinform mit Butter einfetten.
1 kg	festkochende Kartoffeln	Kartoffeln schälen, in dünne Scheiben schneiden, in eine Pfanne geben.
1	Knoblauchzehe	Knoblauch schälen, fein hacken, mit Milch, Rahm, Salz und Muskatnuss zu den Kartoffeln geben, unter Rühren vorsichtig aufkochen.
5 dl	Milch	
3 dl	Rahm	
1 TL	Salz	
1 Prise	Muskatnuss	
100 g	Reibkäse	Dann in die gefettete Gratinform füllen, gleichmässig mit Reibkäse bestreuen und bei 170 °C ca. 30 Minuten im Ofen backen.

Tipp

Der Kartoffelgratin schmeckt warm am besten.

Pilz-Stroganoff

	4	Portionen

4 EL	Öl		1 EL Öl in einer Pfanne erhitzen. Paprika auf mittlerer Stufe unter ständigem Rühren andünsten. Mit Balsamico und Süssmost ablöschen, einkochen lassen.
1 EL	Paprika, edelsüss		
1 TL	Aceto Balsamico		
½ dl	Süssmost		
3 dl	Gemüsebouillon (Seite 153)		Bouillon zugeben, aufkochen. Mit Salz und Pfeffer würzen, Zucker zugeben, zehn Minuten köcheln lassen.
	Salz, Pfeffer		
1 TL	Rohzucker		
½	Peperoni, rot		Peperoni entkernen, in feine Streifen schneiden. Essiggurken fein hacken. Bei den Shiitakepilzen die Stiele wegschneiden und alle Pilze in feine Scheiben schneiden.
½	Peperoni, gelb		
3	Essiggurken		
200 g	Austernpilze		
200 g	Shiitakepilze		
200 g	Champignons		
1½ dl	vegane Saucencreme		Saucencreme zur Sauce geben, erneut aufkochen, 15 Minuten köcheln lassen.
	Salz, Pfeffer		Übriges Öl in einer Bratpfanne erhitzen. Pilze portionenweise auf grosser Stufe anbraten. Peperoni zugeben, kurz mitbraten. Essiggurkenstreifen zugeben. Mit der Sauce ablöschen. Bei Bedarf mit Salz und Pfeffer würzen. Bis zur gewünschter Konsistenz einkochen.

Pilz-Stroganoff
Seite 236

Kartoffelgratin
Seite 235

Zucchetti-Schnitzel

12	Schnitzel	

Den Backofen auf 60 °C Ober- und Unterhitze vorheizen.

2	Zucchetti
	Salz

Zucchetti längs in 5 mm dünne Scheiben schneiden, auf ein Backblech legen, mit wenig Salz bestreuen und zehn Minuten ziehen lassen, bis Wasser austritt. Mit Haushaltspapier trocken tupfen.

40 g	Sesamsamen
80 g	Paniermehl

Sesamsamen in einer Bratpfanne rösten, mit Paniermehl in einem Suppenteller mischen.

1 dl	Sojadrink
2½ EL	Maizena
	Salz, Pfeffer
80 g	Mehl

Zwei weitere Suppenteller bereitstellen: in einem Sojadrink und Maizena verrühren, kräftig mit Salz und Pfeffer würzen. In den anderen Teller das Mehl geben.

Abgetupfte Zucchettischeiben zuerst im Mehl wenden, dann sorgfältig durch die Sojadrink-Maizena-Mischung ziehen und mehrmals im Sesam-Paniermehl wenden. Panade mit den Fingern gut andrücken.

1 dl	Öl

Öl in einer Bratpfanne erhitzen. Zucchetti-Schnitzel sofort nach dem Panieren portionenweise im heissen Öl auf beiden Seiten goldgelb braten – Achtung: Öl darf nicht zu heiss werden, da die Sesamsamen leicht verbrennen können!

Gebratene Zucchetti-Schnitzel nebeneinander auf ein mit Backpapier belegtes Blech legen und in der Mitte des Backofens bei 60 °C warmhalten.

1	Zitrone

Zitrone vierteln und die Zucchetti-Schnitzel mit je einem Zitronenschnitz garnieren. Sie schmecken lauwarm und kalt.

Tipp

Anstatt Zucchetti eignen sich ebenfalls Kohlrabi und Knollensellerie. Diese müssen vor dem Panieren noch zwei Minuten in kochendem Salzwasser blanchiert werden.

Zucchetti-Schnitzel
Seite 238

Kartoffelstock

4	Portionen	

600 g	Kartoffeln, mehligkochend
2 dl	Milch
4 EL	Rahm
60 g	Butter
	Salz, Pfeffer, Muskatnuss

Kartoffeln schälen, in kleine Würfel schneiden, in einer Pfanne mit Salzwasser ca. 25 Minuten weichkochen.

Milch, Rahm und Butter in einer Pfanne auf kleiner Stufe erwärmen.

Gekochte Kartoffeln abgiessen, erwärmte Milchmischung zugeben, stampfen. Mit Salz, Pfeffer und Muskatnuss würzen.

Tipp

Für einen Erbsen-Kartoffelstock einen Drittel der Kartoffeln durch Erbsen ersetzen. Die Erbsen zu den Kartoffeln geben und während der letzten fünf Minuten mitkochen.
Für einen Süsskartoffelstock die Kartoffeln durch Süsskartoffeln ersetzen. Milch, Rahm und Butter weglassen und nur mit Salz würzen.

Peperoni-Apfel-Gulasch
Seite 243

Spargelfrikassee
Seite 244

Peperoni-Apfel-Gulasch

4	Portionen	

1	Zwiebel	Zwiebel und Knoblauch schälen, Zwiebel achteln, Knoblauch fein hacken. Peperoni halbieren, entkernen, in feine Streifen schneiden. Äpfel vierteln, Kerngehäuse entfernen, in dünne Schnitze schneiden.
1	Knoblauchzehe	
1	Peperoni, grün	
1	Peperoni, gelb	
1	Peperoni, rot	
3	säuerliche Äpfel	
2 EL	Öl	Öl in einer Pfanne erhitzen. Zwiebel und Knoblauch andünsten. Peperoni zugeben, fünf Minuten mitdünsten.
1 TL	Rohzucker	Zucker und Paprika zugeben, mit Salz und Pfeffer würzen, mit Apfelessig und Süssmost ablöschen. Saucencreme zugeben, aufkochen, bis zur gewünschten Konsistenz einkochen.
2 TL	Paprika, edelsüss	
	Salz, Pfeffer	
½ dl	Apfelessig	
1 dl	Süssmost	
2 dl	vegane Saucencreme	
2 Zweige	Majoran oder Schnittlauch	Die Kräuter fein hacken.

Apfelschnitze zugeben, weichkochen, bis sie noch Biss haben. Mit den gehackten Kräutern bestreuen.

Tipp

Dazu passen Teigwaren, Kartoffelstock (Seite 240) oder Rösti (Seite 64). Alternativ zu Äpfeln können auch Birnen verwendet werden.

Spargelfrikassee

4	Portionen	

500 g	grüner Spargel	
500 g	weisser Spargel	
	Salz	
1 TL	Rohzucker	
1 EL	Zitronensaft, frisch gepresst	

Bei Spargeln unteres Ende abschneiden. Weissen Spargel vollständig, grünen Spargel im unteren Drittel schälen. Spargel in 5-cm-Stücke schneiden, in kochendem Salzwasser mit Zucker und Zitronensaft 10–20 Minuten knapp weich kochen. Herausnehmen, abtropfen.

1	Zwiebel
1 EL	Öl

Zwiebel schälen, hacken. Öl in einer Pfanne erhitzen, Zwiebel glasig dünsten.

1 dl	Süssmost
2 dl	Gemüsebouillon (Seite 153)
1 EL	Zitronensaft, frisch gepresst
	Salz, Pfeffer, Muskatnuss

Mit Süssmost ablöschen, einkochen lassen. Bouillon zugeben, aufkochen. Sauce mit dem Stabmixer pürieren. Mit Zitronensaft, Salz, Pfeffer und Muskatnuss abschmecken.

2 dl	Milch
1½ dl	Rahm
150 g	Mascarpone

Milch, Rahm und Mascarpone zugeben, unter Rühren sämig einkochen

8	Datteltomaten
2 Zweige	Kerbel, gehackt

Spargel und Tomaten zum Frikassee geben, erwärmen, mit gehacktem Kerbel bestreuen.

Tipp

Dazu passen Nudeln oder Reis.

Getreide
Getreide-alternativen
Reis
Hülsenfrüchte

Dal
Seite 249

Papaya-
Süsskartoffel-
Curry
Seite 248

Bunny Chow
Seite 247

Bunny Chow

4	Portionen	

200 g	Kichererbsen	Kichererbsen über Nacht in der dreifachen Menge kaltem Wasser einweichen.
		Kichererbsen abgiessen, in frischem Wasser ohne Salz ca. 45–60 Minuten weichkochen. Abgiessen, abtropfen lassen.
2	Tomaten	Tomatenstrünke entfernen, Tomaten entkernen, in kleine Würfel schneiden. Zwiebel schälen, fein hacken. Kartoffeln schälen, fein würfeln.
½	Zwiebel	
2	Kartoffeln	
2 EL	Öl	Öl in einer Bratpfanne erhitzen. Zwiebel anbraten, bis sie glasig ist. Kartoffelwürfel und alle Zutaten bis und mit Bouillon beigeben und 30 Minuten köcheln lassen.
1	Lorbeerblatt	
¼ TL	Nelken, gemahlen	
½ TL	Zimt	
¼ TL	Kardamom, gemahlen	
1 TL	Kurkuma	
1 TL	Ingwer, gemahlen	
1 TL	Garam Masala	
1 TL	Kreuzkümmel, gemahlen	
1 TL	Koriander, gemahlen	
1 TL	Zitronensaft, frisch gepresst	
½ TL	Zucker	
1,5 dl	Gemüsebouillon (Seite 153)	
¼ Bund	Koriander	Koriander fein hacken. Deckel der Brote abschneiden und Brote aushöhlen. Inneres beiseitestellen.
4	kleine Brote à ca. 120 g	
1 dl	Kokosmilch	Kichererbsen und Kokosmilch zur Sauce geben, nochmals aufkochen, mit Salz und Pfeffer würzen.
	Salz, Pfeffer	

Bunny Chow in Brote verteilen, mit gehacktem Koriander bestreuen. Inneres der Brote wird als Beilage zur Füllung gegessen.

Tipp

Wenn es schneller gehen muss, Kichererbsen aus der Dose verwenden.

Papaya-Süsskartoffel-Curry

4	Portionen		
100 g	Kichererbsen	Kichererbsen über Nacht in der dreifachen Menge kaltem Wasser einweichen.	
		Kichererbsen abgiessen, in frischem Wasser ohne Salz ca. 45–60 Minuten weichkochen. Abgiessen, abtropfen lassen.	
1	Zwiebel	Zwiebel und Ingwer schälen, fein hacken. Unteres Drittel vom Zitronengras ebenfalls fein hacken.	
1	baumnussgrosses Stück frischer Ingwer		
1	Zitronengrasstängel		
1 EL	Öl	Öl in einer Pfanne erhitzen. Zwiebel, Ingwer und Zitronengras glasig anbraten. Mit Bouillon und Kokosmilch ablöschen, Kaffir-Limetten-Blatt, Limettensaft, Sojasauce, Zucker und Gewürze hinzugeben, 30 Minuten kochen lassen.	
2 dl	Gemüsebouillon (Seite 153)		
5 dl	Kokosmilch		
1	Kaffir-Limetten-Blatt		
½	Limette, frisch gepresster Saft		
1 TL	Tamari-Sojasauce		
1 TL	Rohzucker		
1 TL	Paprika, edelsüss		
1 TL	Kurkuma		
1	Süsskartoffel	Süsskartoffel schälen, in 2 cm grosse Stücke schneiden und in Salzwasser weichkochen. Papaya schälen, entkernen, in 2 cm grosse Würfel schneiden. Koriander fein hacken.	
400 g	Papaya		
¼ Bund	Koriander		
	Salz, Pfeffer	Kaffir-Limetten-Blatt aus der Sauce entfernen, Sauce mit dem Stabmixer pürieren. Süsskartoffel und Kichererbsen hinzugeben, nochmals aufkochen, mit Salz und Pfeffer würzen. Papaya untermischen, mit gehacktem Koriander und Cashewkernen bestreuen.	
25 g	Cashewkerne		

Tipp

Wenn es schneller gehen muss, Kichererbsen aus der Dose verwenden.

Dal

4	Portionen

160 g	rote Linsen
1	Zwiebel
1	Knoblauchzehe
2 EL	Öl
1 TL	Kreuzkümmelsamen
1 TL	Fenchelsamen
1 TL	schwarze Senfsamen
10	Curryblätter
8 dl	Gemüsebouillon (Seite 153)
1 TL	Kurkuma
2 TL	Garam Masala
1 TL	Madras-Curry
	Salz

Linsen in einem Sieb unter fliessendem Wasser spülen, abtropfen lassen.

Zwiebel und Knoblauch schälen, fein hacken. Öl in einer Bratpfanne erhitzen. Kreuzkümmel, Fenchelsamen, Senfsamen und Curryblätter auf mittlerer Stufe zwei Minuten anbraten. Zwiebel und Knoblauch beifügen, kurz mitbraten.

Linsen zugeben. Mit Bouillon ablöschen. Gewürze beifügen, ca. 20–30 Minuten leicht köcheln lassen, dabei gelegentlich umrühren. Bei Bedarf mit Salz würzen.

Tipp

Dal mit Basmatireis gilt als Nationalgericht Indiens. Anstatt mit roten Linsen kann das Dal beliebig mit anderen Hülsenfrüchten zubereitet werden wie Beluga-Linsen, gelben Linsen, Mungobohnen, Urdbohnen. Die Kochzeit kann sich verändern.

Kabuli Pilaf
Seite 253

Marrakesch-Gemüse
Seite 252

Couscous
Seite 251

Couscous

600	g	
3 dl	Wasser
300 g	Couscous
1 TL	Kreuzkümmel, gemahlen
½ TL	Kurkuma
1 TL	Salz
1 EL	Olivenöl

Wasser aufkochen.

Couscous in einer Schüssel mit den Gewürzen, Salz und Öl mischen. Kochendes Wasser zugeben, zugedeckt 20 Minuten quellen lassen.

Vor dem Servieren mit einer Gabel auflockern.

Tipp

Noch luftiger wird der Couscous, wenn er gedämpft wird. Dafür das Wasser mit den Gewürzen und Salz in einem Topf zum Kochen bringen. Couscous in den Dämpfeinsatz füllen und diesen in der Pfanne über das Wasser stellen. Die Hitze auf kleinste Stufe reduzieren, sodass das Wasser nur noch ganz leicht köchelt, und den Couscous bei geschlossenem Deckel 20 Minuten dämpfen lassen. Den gedämpften Couscous anschliessend in eine Schüssel füllen, mit einer Gabel auflockern und 1 EL Olivenöl unterrühren, bei Bedarf mit Salz nachwürzen.

Marrakesch-Gemüse

4	Portionen

Zutaten		Zubereitung
70 g	Kichererbsen	Kichererbsen über Nacht in der dreifachen Menge kaltem Wasser einweichen.
		Kichererbsen abgiessen, in frischem Wasser ohne Salz ca. 45–60 Minuten weichkochen. Abgiessen, abtropfen lassen.
15	Safranfäden	Safranfäden in 1 dl Bouillon einweichen. Kartoffeln, Zwiebel und Knoblauch schälen, Zwiebel und Knoblauch fein hacken. Kartoffeln, Peperoni und Zucchetti in 2 cm grosse Würfel schneiden. Koriander fein hacken.
8 dl	Gemüsebouillon (Seite 153)	
2	Kartoffeln	
1	Zwiebel	
1	Knoblauchzehe	
1	Peperoni, rot	
1	Zucchetti	
¼ Bund	Koriander	
2 EL	Olivenöl	Öl in einer Pfanne erhitzen, Knoblauch und Zwiebel zugeben, glasig braten. Tomatenpüree zugeben, kurz mitbraten. Gemahlene Gewürze beifügen, ebenfalls kurz mitbraten. Safranfäden mit der gesamten Menge Bouillon dazugiessen, zehn Minuten köcheln lassen. Die Sauce mit dem Stabmixer pürieren.
1 EL	Tomatenpüree	
1 TL	Ingwer, gemahlen	
¼ TL	Zimt	
1 TL	Kreuzkümmel, gemahlen	
1 TL	Koriander, gemahlen	
1 TL	Paprika, edelsüss	
	Salz, Pfeffer	Kartoffeln zur Sauce geben, ca. zehn Minuten knapp weich kochen. Zucchetti und Peperoni beifügen, auf kleiner Stufe weichkochen. Gekochte Kichererbsen zugeben, nochmals aufkochen. Mit Salz und Pfeffer würzen. Mit gehacktem Koriander bestreuen.

Tipp

Traditionell werden solche Eintöpfe in Marokko mit Couscous als Beilage serviert.
Wenn es schneller gehen muss, Kichererbsen aus der Dose verwenden.

Kabuli Pilaf

4 Portionen

6 dl	Gemüsebouillon (Seite 153)	Bouillon in einer Pfanne erwärmen, Safranfäden zugeben, ziehen lassen.
1 TL	Safranfäden	

1	Zwiebel	Zwiebel schälen, fein hacken. Die Karotten schälen, in feine Scheiben schneiden oder raffeln. Öl in einer Pfanne erhitzen, Zwiebel auf mittlerer Stufe kurz anbraten. Reis und Karottenscheiben zugeben, zwei Minuten mitbraten. Tomatenpüree unterrühren, weitere zwei Minuten braten.
2	Karotten	
2 EL	Olivenöl	
300 g	Basmatireis	
2 EL	Tomatenpüree	

1 TL	Garam Masala	Bouillon mit Safranfäden, Gewürzen, Zucker und Salz zum Reis geben, aufkochen. Pfanne von der Herdplatte ziehen. Reis mit geschlossenem Deckel ca. 20 Minuten gar ziehen lassen.
1 TL	Kurkuma	
3 EL	Rohzucker	
1 TL	Salz	

100 g	Mandeln	Mandeln und Pistazien in einer Bratpfanne ohne Fett auf mittlerer Stufe unter Rühren rösten. Rosinen untermischen, beiseitestellen.
100 g	Pistazien	
60 g	Rosinen	

	Salz, Pfeffer	Wenn der Reis gar ist, Nuss-Rosinen-Mischung unterrühren, nochmals erwärmen, mit Salz und Pfeffer würzen.

Tipp

Pilaf bezeichnet ursprünglich ein orientalisches Gericht mit Reis als Hauptbestandteil. Je nach Land heisst es auch Pilaw/Pilav, Pilafi, Polov/Polow oder Palov.

Mais-Lauch-Plätzchen

20	Plätzchen	

1	Zwiebel
1 EL	Olivenöl
3 EL	Senf, grobkörnig
2 EL	Senf
½ TL	Kurkuma
1 dl	Süssmost
3 dl	Gemüsebouillon (Seite 153)
2 dl	Rahm
	Salz, Pfeffer
1 EL	Maizena
2 EL	Wasser, kalt
5	Eier
100 g	Mehl
	Salz, Pfeffer, Muskatnuss
1	Lauchstange
0,6 dl	Öl
350 g	Maiskörner

Senfsauce Zwiebel schälen, fein hacken. Öl in einer Pfanne erhitzen, Zwiebel anbraten. Senf und Kurkuma beigeben, mitbraten. Mit Süssmost ablöschen und zwei Minuten einkochen.

Bouillon und Rahm dazugeben, aufkochen. Mit Salz und Pfeffer würzen. Maizena in einer kleinen Schüssel mit kaltem Wasser verrühren, beigeben, nochmals fünf Minuten köcheln lassen. Sauce vor dem Servieren mit dem Stabmixer pürieren.

Mais-Lauch-Plätzchen Eier und Mehl in einer Schüssel verquirlen, kräftig mit Salz, Pfeffer und Muskatnuss würzen.

Lauch quer in sehr feine Streifen schneiden. 1 EL Öl in einer Bratpfanne erhitzen. Lauch hinzugeben und weichdünsten, dann mit den Maiskörnern zur Eimasse geben, mischen.

2 EL Öl in der Bratpfanne erhitzen. Pro Plätzchen ca. 3 EL Teig in die Pfanne geben und jeweils vier bis fünf Mais-Lauch-Plätzchen gleichzeitig rundum goldbraun braten. Nach ca. zehn Flätzchen übriges Öl hinzugeben und restliche Plätzchen braten. Zusammen mit der Senfsauce servieren.

Tipp

Die Masse kann sehr gut im Voraus zubereitet werden. Die Plätzchen sollten aber frisch gebraten werden. Dazu passt ein frischer Salat oder Ofengemüse.

Mais-Lauch-Plätzchen
Seite 254

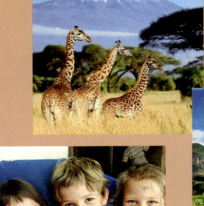

In der Mitte meiner südafrikanischen Freunde

Dad's Bunny Chow

«Die Eltern meines Vaters kommen ursprünglich aus Wales und Italien, zogen aber nach Südafrika, wo auch mein Vater aufwuchs. Aus Südafrika kommt ein spezielles Gericht, Bunny Chow, das mein Vater zusammen mit seinem Bruder immer wieder für uns kochte. Es ist ein indisches Currygericht, das in ein halbes Weissbrot eingefüllt wird. Das Brot saugt natürlich die Sauce auf, was es richtig lecker macht. Der Name Bunny Chow stammt offenbar vom Wort «Bania» ab, dem Namen einer indischen Kaste. Mitglieder dieser Kaste verkauften während der Apartheid (Zeit der Rassentrennung) in Südafrika dieses Gericht durch das Fenster ihrer Restaurants, weil es vielen Südafrikanerinnen und Südafrikanern nicht erlaubt war, in gewisse Restaurants und Bars einzukehren. Viele waren aber auch einfach zu arm und konnten sich andere Gerichte nicht leisten. Damit das Currygericht besser transportiert werden konnte, füllte man es in die ausgehöhlten Brote.»

Polenta

4	Portionen

1,2 l	Gemüsebouillon (Seite 153)
1	Rosmarinzweig
280 g	Maisgriess, mittelfein
Je 1 Zweig	Petersilie, Thymian, Salbei
40 g	Butter
	Salz, Pfeffer

Bouillon, Rosmarinzweig und Maisgriess in einer Pfanne aufkochen. Unter ständigem Rühren auf kleiner Stufe ca. 15 Minuten kochen, bis die Polenta sehr dickflüssig ist.

Die Blätter vom Thymian abzupfen, mit Salbei und Petersilie fein hacken.

Rosmarinzweig aus der Polenta entfernen. Butter mit gehackten Kräutern darunterziehen, mit Salz und Pfeffer würzen.

Tipp

Für Polentaschnitten die Polentamasse auf einem mit Backpapier belegten Blech 2 cm hoch ausstreichen und 30 Minuten abkühlen lassen. Dann in Dreiecke schneiden, mit 2–3 EL Reibkäse bestreuen und im Ofen bei 200 °C goldbraun gratinieren.

Polenta
Seite 258

Gemüse-Paella

	4	Portionen
	150 g	Blumenkohl
	100 g	Champignons
	100 g	Artischockenböden
	1	Peperoni, rot
	1	Zwiebel
	1	Aubergine
	100 g	grüne Bohnen
	100 g	Erbsen
	3 EL	Öl
	200 g	Langkornreis
	½ TL	Paprika, edelsüss
	½ TL	Safranpulver
	100 g	Tomaten, gehackt
	4 dl	Gemüsebouillon (Seite 153)
		Salz, Pfeffer
	1	Zitrone, Schnitze

Blumenkohl in kleine Röschen teilen. Champignons putzen, rüsten, in feine Scheiben schneiden. Artischockenböden vierteln. Peperoni entkernen, in 2 cm grosse Würfel schneiden. Zwiebel schälen, fein hacken. Aubergine in 5 mm dünne Scheiben schneiden.

Bohnen und Erbsen nacheinander in Salzwasser knapp weich kochen, in Eiswasser abkühlen, abtropfen lassen.

1 EL Öl in einer Pfanne erhitzen, Zwiebel darin glasig braten. Blumenkohlröschen und Artischocken beigeben, auf mittlerer Stufe mitbraten. Den Reis mit Paprika und Safran zugeben, kurz mitbraten. Gehackte Tomaten zugeben, mit Bouillon ablöschen. Aufkochen und Reis unter gelegentlichem Rühren weichkochen.

Übriges Öl in einer Bratpfanne erhitzen, Auberginenscheiben darin portionenweise goldbraun braten. Auf Haushaltspapier entfetten.

Kurz vor Ende der Garzeit des Reises Champignons, Peperoniwürfel, Bohnen und Erbsen zugeben, mit Salz und Pfeffer würzen. Mit Auberginenscheiben und Zitronenschnitzen garnieren.

Tipp

Dazu passen Onion Rings (Seite 99).

Risotto

4	Portionen

1	Zwiebel
1	Knoblauchzehe
2 EL	Olivenöl
400 g	Risottoreis
1	Lorbeerblatt
9 dl	Gemüsebouillon, warm (Seite 153)
2 EL	Mascarpone
50 g	Reibkäse
	Salz, Pfeffer

Zwiebel und Knoblauch schälen, fein hacken. Öl in einer Pfanne erhitzen. Zwiebel und Knoblauch anbraten. Risottoreis und Lorbeerblatt zugeben, dünsten, bis der Reis glasig ist.

Mit der Hälfte der Bouillon ablöschen. Die Flüssigkeit soll den Reis bedecken. Unter ständigem Rühren 30–40 Minuten auf kleiner Stufe weichkochen, dabei immer wieder Bouillon beigeben, sodass der Reis stets mit Bouillon bedeckt ist.

Wenn der Reis gar ist, die Pfanne vom Herd nehmen, Mascarpone und Reibkäse darunterheben, mit Salz und Pfeffer würzen. Risotto zugedeckt fünf Minuten ziehen lassen.

Tipp

Das Risotto lässt sich saisonal beliebig mit Gemüse ergänzen wie Kürbis, Spargel, Randen, Pilzen, Tomaten und mit Kräutern und Gewürzen wie Safran verfeinern. Die Menge an Reibkäse kann wahlweise erhöht werden.

Risotto
Seite 262

Linsen-Eintopf

4	Portionen	

500 g	Beluga-Linsen
2	Äpfel
2	Zwiebeln
2 EL	Olivenöl
1 Zweig	Rosmarin
3 dl	Gemüsebouillon (Seite 153)
3 dl	Süssmost
100 g	Rosinen
	Salz, Pfeffer
200 g	Räuchertofu

Linsen abspülen. In kochendem Wasser ohne Salz ca. 25–30 Minuten weichkochen. Abgiessen und abtropfen.

Äpfel vierteln, Kerngehäuse entfernen, in dünne Schnitze schneiden. Die Zwiebeln schälen, fein hacken.

1 EL Öl in einer Pfanne erhitzen, die Zwiebeln darin glasig braten. Äpfel und Rosmarin zugeben, kurz mitbraten. Mit Bouillon und Most ablöschen, Rosinen zugeben, mit Salz und Pfeffer würzen. Alles ca. zehn Minuten auf mittlerer Stufe köcheln.

Räuchertofu in kleine Würfel schneiden. Übriges Öl in einer Bratpfanne erhitzen, Räuchertofu darin goldbraun anbraten. Auf Haushaltspapier entfetten.

Wenn die Äpfel fast gar sind, Rosmarin entfernen, weichgekochte Linsen und Räuchertofu dazugeben, nochmals kurz aufkochen. Mit Salz und Pfeffer würzen.

Tipp

Anstatt mit Äpfeln schmeckt der Linsen-Eintopf auch mit Birnen sehr fein. Mit Kartoffelstock (Seite 240) und Sauerkraut servieren. Wer das Sauerkraut noch verfeinern möchte, brät eine klein gewürfelte Zwiebel in 1 EL Öl an, gibt dann das Sauerkraut dazu mit je 1 TL Wacholderbeeren und Pfefferkörnern, ½ TL Kümmelsamen, zwei Lorbeerblättern und vier Nelken. Bouillon zugeben, bis das Sauerkraut bedeckt ist, und alles auf kleiner Stufe ca. 1,5 Stunden köcheln lassen.

Kartoffelstock
Seite 240

Linsen-Eintopf
Seite 264

Ananas-Cashew-Reis
Seite 268

Fried Rice
Seite 267

Fried Rice

4	Portionen		

1	baumnussgrosses Stück frischer Ingwer
2	Karotten
150 g	Weisskohl
3	Frühlingszwiebeln
250 g	Shiitakepilze
1 Handvoll	Mungobohnensprossen
2 EL	Öl
2	Eier
600 g	Basmatireis, gekocht
180 g	Erbsen, tiefgekühlt
2 EL	Tamari-Sojasauce
	Salz, Pfeffer

Ingwer und Karotten schälen, Ingwer fein hacken, Karotten längs halbieren, schräg in feine Scheiben schneiden. Kohl ohne Strunk in feine Streifen schneiden. Frühlingszwiebeln schräg in feine Streifen schneiden. Stiele der Shiitakepilze wegschneiden, Pilze in feine Streifen schneiden. Mungobohnensprossen heiss abwaschen, abtropfen lassen.

1 EL Öl in einem Wok oder einer grossen Bratpfanne erhitzen. Eier in einer Schüssel mit dem Schwingbesen verquirlen, wie Rührei braten, herausnehmen, auf die Seite stellen.

Übriges Öl erhitzen, Pilzstreifen unter Rühren auf grosser Stufe stark anbraten.

Ingwer, Karotten und Weisskohlstreifen zugeben, mitbraten, bis sie gar, aber noch knackig sind. Gekochten Reis, Erbsen und Frühlingszwiebeln zugeben, erwärmen. Das Rührei und die Sojasauce zugeben, mit Salz und Pfeffer würzen. Mit Mungobohnensprossen garnieren.

Tipp

600 g gekochter Basmatireis entsprechen 200 g ungekochtem Reis.

Ananas-Cashew-Reis

4	Portionen	

1	baumnussgrosses Stück frischer Ingwer
1	Peperoni, grün
½	Ananas, geschält
3	Frühlingszwiebeln
½ Bund	Koriander
1 EL	Öl

Ingwer schälen, fein hacken. Peperoni entkernen und mit der Ananas in 1 cm grosse Stücke schneiden. Frühlingszwiebeln in feine Ringe schneiden. Koriander fein hacken.

Öl in einem Wok oder einer Bratpfanne erhitzen. Ingwer zwei Minuten braten. Peperoni und Ananas zugeben und mitbraten.

600 g	Basmatireis, gekocht
75 g	Cashewkerne
1 TL	Kurkuma
1 TL	Madras-Curry
½ TL	Zimt
	Salz, Pfeffer

Gekochten Reis, Frühlingszwiebeln und Cashewkerne zugeben, mischen und rührbraten. Gewürze zugeben, mit Salz und Pfeffer würzen, mit Koriander bestreuen.

Tipp

600 g gekochter Basmatireis entsprechen 200 g ungekochtem Reis.

Pasta

Spaghetti Carbonara

4	Portionen		

90 g	Räuchertofu	Räuchertofu in kleine Würfel schneiden. Zwiebel schälen und fein hacken.
1	Zwiebel	
1 EL	Olivenöl	Öl in einer Bratpfanne erhitzen. Räuchertofu beigeben und auf mittlerer Stufe knusprig braten. Zwiebel beigeben, kurz mitbraten. Die Pfanne vom Herd nehmen.
300 g	Spaghetti	Die Spaghetti in kochendem Salzwasser nach Verpackungsangaben al dente kochen.
60 g	Hartkäse	Hartkäse fein reiben. Eier trennen, Eigelb in einer Schüssel mit Bouillon, Rahm und Hartkäse gut verrühren. Kräftig mit Salz und Pfeffer würzen.
4	Eier	
4 dl	Gemüsebouillon (Seite 153)	
4 dl	Rahm	Spaghetti abgiessen, zum Räuchertofu in die Bratpfanne geben, sorgfältig untermischen. Die Eimischung darübergiessen.
100 g	Erbsen	Erbsen darunterrühren. Auf tiefer Stufe ca. drei Minuten heiss werden lassen, sodass eine sämige Sauce entsteht. Bei Bedarf mit Salz und Pfeffer würzen. Sofort servieren.
	Salz, Pfeffer	

Grünes Pesto

4	Portionen

30 g	Pinienkerne	Pinienkerne und Baumnüsse in einer Pfanne ohne Fett rösten, bis sie fein duften. Dann in die Küchenmaschine oder den Mixer geben.
20 g	Baumnüsse	
3 Bund	Basilikum	Basilikumblättchen abzupfen, Knoblauch schälen. Beides mit Petersilie, Spinat, Zucker, Öl und Feta zu den Nüssen geben, pürieren.
1	Knoblauchzehe	
1½ Bund	Petersilie	
40 g	Blattspinat	
1 TL	Zucker	
1,5 dl	Olivenöl	
50 g	Fetakäse	
80 g	Hartkäse	Hartkäse fein reiben, unter das Pesto rühren.

Veganes grünes Pesto

4	Portionen

1	Knoblauchzehe	Knoblauch schälen, mit Cashewkernen und Salz in der Küchenmaschine zerkleinern, bis die Masse parmesanähnliche Konsistenz hat.
140 g	Cashewkerne	
½ TL	Salz	
30 g	Pinienkerne	Pinienkerne und Baumnüsse ohne Fett in einer Pfanne rösten, bis sie fein duften. Dann zu dem Cashew-Parmesan in die Küchenmaschine geben.
20 g	Baumnüsse	
3 Bund	Basilikum	Basilikumblätter abzupfen und mit Petersilie, Spinat, Zucker und Öl zu den Nüssen geben und alles mixen.
1½ Bund	Petersilie	
40 g	Blattspinat	
1 TL	Rohzucker	
1,5 dl	Olivenöl	

Tipp

Pesto zu gekochter Pasta servieren. Zum Aufbewahren beider Pestosorten das Pesto in ein Schraubglas füllen und grosszügig mit Olivenöl bedecken. So hält es sich im Kühlschrank mehrere Wochen.

Safrannudeln

4	Portionen	
400 g	grüner Spargel	
1	Frühlingszwiebel	

Spargel anschneiden, unteres Drittel schälen. Die Spitzen abschneiden, längs halbieren, in kochendem Wasser eine Minute blanchieren, mit kaltem Wasser abschrecken und als Garnitur behalten. Übrige Spargel schräg in 3 cm lange Stücke schneiden, Frühlingszwiebel schräg in Ringe schneiden.

2 EL	Olivenöl
3 dl	Gemüsebouillon (Seite 153)
2 dl	Rahm
1 TL	Safranpulver

Öl in einer Bratpfanne erhitzen, Spargelstücke und Frühlingszwiebel dazugeben, 2–3 Minuten anbraten. Mit Bouillon und Rahm ablöschen, Safran dazugeben und zehn Minuten auf mittlerer Stufe leicht kochen lassen.

300 g	Safrannudeln

Safrannudeln im kochenden Salzwasser nach Verpackungsangaben al dente kochen.

100 g	Cherrytomaten
	Salz, Pfeffer

Cherrytomaten halbieren, zur Sauce geben, mit Salz und Pfeffer würzen.

Gekochte Nudeln abgiessen, mit der Sauce mischen und mit Spargelspitzen garnieren.

Tipp

Ausserhalb der Spargelsaison eignen sich Pak Choi oder Fenchel sehr gut. Falls keine Safrannudeln verwendet werden, kann die Rezeptur um 1 TL Safran erhöht werden. So bleibt der Safrangeschmack intensiv genug.

Penne Siciliana

4	Portionen		

		Backofen auf 220 °C Ober- und Unterhitze vorheizen.
1	Aubergine	Aubergine in 2 cm grosse Würfel schneiden, auf einem mit Backpapier belegten Blech auslegen. Öl und Salz darüber verteilen und bei 220 °C ca. 20 Minuten backen.
1 EL	Olivenöl	
2 Prisen	Salz	
500 g	Tomatensauce (Seite 134)	Tomatensauce in einer Pfanne erwärmen. Zitronenzesten und Paprika zur Sauce geben, bei Bedarf nochmals mit Salz und Pfeffer würzen. Fünf Minuten kochen lassen.
½	Zitrone, Zesten	
1 TL	Paprika, edelsüss	
	Salz, Pfeffer	
400 g	Penne	Penne in kochendem Salzwasser nach Verpackungsangaben al dente kochen.
2 Zweige	Basilikum	Basilikum fein hacken.
100 g	Mozzarellaperlen	Penne abgiessen, mit Tomatensauce mischen, Auberginenwürfel und Mozzarellaperlen untermischen und mit gehacktem Basilikum bestreuen.

Safrannudeln
Seite 273

Penne Siciliana
Seite 274

Neapel mit dem Vesuv im Hintergrund

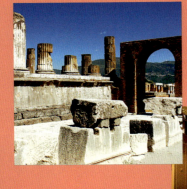

Eine Pizzeria in den Gassen von Neapel

Viva l'Italia!

«Vor einigen Jahren machte ich mit der Familie Ferien in Italien, genauer gesagt in Neapel. Dort besichtigten wir faszinierende Orte wie den Vesuv und die Stadt Pompeji, die unter der Asche des Vulkans begraben wurde. Neben dem Besuch dieser Sehenswürdigkeiten verbrachten wir auch viel Zeit am Meer und genossen es, auch einmal gar nichts zu tun. Am allermeisten aber blieb mir das Essen in Erinnerung. Wir assen jeden Tag einfach so richtig italienisch, wir probierten alles: von Pasta über Pizza bis zu Focaccia und Panini. Die Pizza Margherita hatte es mir in Neapel aber speziell angetan. Diese wurde – wie ich in Neapel erfuhr – extra für den König und dessen Frau Margherita in den Nationalfarben rot (Tomaten), weiss (Mozzarella) und grün (Basilikum) kreiert. Bis heute ist dies meine Lieblingspizza!»

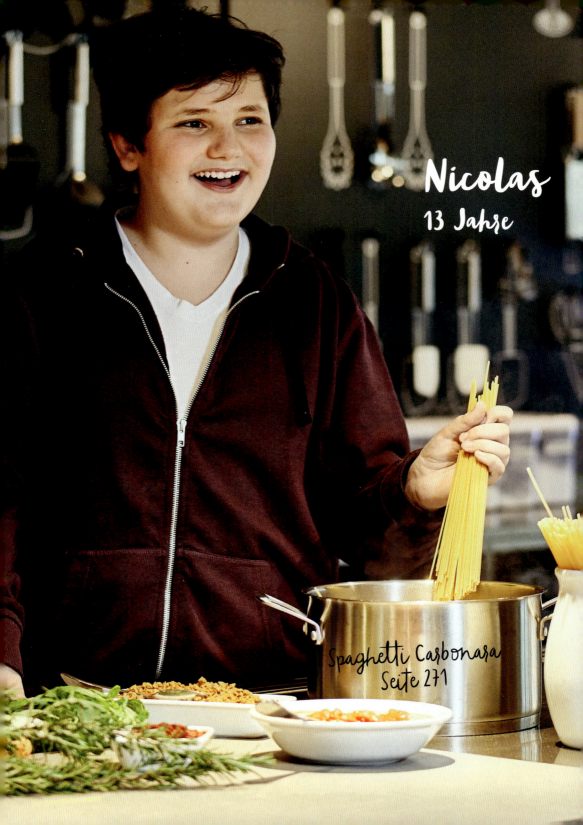

Lasagne

4	Portionen	

10 g	Butter
100 g	Hartkäse
25 g	Butter
2 EL	Mehl
4 dl	Milch
	Salz, Pfeffer, Muskatnuss
1 Paket	Lasagneblätter, helle und grüne Blätter (ohne Vorkochen)
1	Rezeptmenge Bolognesesauce (Seite 283)

Backofen auf 200 °C Ober- und Unterhitze vorheizen.

Die Gratinform einfetten und den Hartkäse fein reiben.

Bechamelsauce Die Butter auf mittlerer Stufe in einer Pfanne schmelzen. Mehl zugeben, mit einem Schwingbesen vermengen. Die Milch unter Rühren nach und nach zugeben, dabei darauf achten, dass sich keine Klümpchen bilden. Mit Salz, Pfeffer und Muskatnuss würzen und unter Rühren ca. 10–15 Minuten auf kleiner Stufe köcheln lassen.

Die Lasagne in die Gratinform schichten, dabei eine Lage grüne Lasagneblätter einschichten, die Hälfte der Bolognesesauce darübergeben und mit der Hälfte der Bechamelsauce bedecken. Dann eine Lage helle Lasagneblätter darüberschichten und diese mit der übrigen Bolognesesauce sowie zwei Dritteln der übrigen Bechamelsauce bedecken. Restliche Lasagneblätter darauflegen, übrige Bechamelsauce verteilen und die Lasagne mit dem geriebenen Käse bestreuen und bei 200 °C ca. 30–40 Minuten backen.

Tipp

Die Lasagne eignet sich sehr gut, um verschiedene Gemüsereste zu verarbeiten. Diese in kleine Würfel schneiden und zur Bolognesesauce mischen. Die Lasagne kann auch gut mit Tomatensauce anstatt der Bolognesesauce zubereitet werden.

Lasagne
Seite 278

Gnocchi

Ergibt 4 Portionen
Zutaten: 750 g mehlige Kartoffeln, 100 g Mehl, 100 g Paniermehl

1 Kartoffeln schälen und in 1 cm grosse Würfel schneiden. In kochendem Salzwasser ca. 20 Minuten weichkochen, abgiessen.
Gekochte Kartoffeln mit dem Kartoffelstampfer zu Püree zerdrücken, mit Salz, Pfeffer und Muskatnuss kräftig würzen.

2 100 g Mehl und 100 g Paniermehl unterrühren und zu einem Teig verarbeiten. Teig flachdrücken, auf einem Teller im Kühlschrank 20 Minuten auskühlen lassen.

3 Gnocchiteig auf einer bemehlten Fläche zu fingerdicken Rollen formen. Mit einem scharfen Messer in 2 cm kleine Stücke schneiden.

4 Mit bemehlten Händen zu Kugeln formen und mit einer Gabel ein Muster hineindrücken.

5 Gnocchi portionenweise in leicht kochendes Salzwasser geben. Wenn sie gar sind, steigen sie an die Oberfläche. Fertig gekochte Gnocchi mit der Schaumkelle aus dem Wasser holen.

6 Gnocchi mit der gewünschten Sauce mischen und im Teller anrichten.

Tipp

Zu den Gnocchi passen Tomatensauce (Seite 134) und grünes Pesto (Seite 272). Wenn es schnell gehen muss, Gnocchi nach dem Kochen in einer Bratpfanne in wenig erhitztem Öl braten und mit Tomatenwürfeln, Rucola oder Babyspinat und Pinienkernen mischen.

Apfelmus
Seite 355

*Veganes Gehacktes
mit Hörnli*
Seite 283

Älpler Maccaroni
Seite 284

Veganes Gehacktes mit Hörnli

4	Portionen	

100 g	Knollensellerie
1	Karotte
1	Zwiebel
1	Knoblauchzehe
Je 2 Zweige	Basilikum, Rosmarin, Oregano und Majoran
2 EL	Olivenöl
200 g	Sojagehacktes
45 g	Tomatenpüree
1 dl	Most
400 g	gehackte Tomaten
1 TL	Rohzucker
1 Prise	Muskatnuss
4 dl	Gemüsebouillon (Seite 153)
300 g	Hörnli
	Salz, Pfeffer
	Apfelmus (Seite 355)

Bolognesesauce Knollensellerie, Karotte, Zwiebel und Knoblauch schälen. Karotte und Sellerie in kleine Würfel schneiden, Zwiebel, Knoblauch und Kräuter fein hacken.

Öl in einer Bratpfanne erhitzen, Sojagehacktes dazugeben und unter regelmässigem Rühren anbraten. Gemüse dazugeben und kurz mitbraten. Tomatenpüree unterrühren und weitere zwei Minuten braten.

Mit Most ablöschen, gehackte Tomaten beigeben, Kräuter, Zucker und Gewürze unterrühren. Bouillon zugeben. Sauce aufkochen, 25 Minuten auf mittlerer Stufe köcheln lassen.

Hörnli in kochendem Salzwasser nach Verpackungsangaben al dente kochen, abgiessen.

Bolognesesauce bei Bedarf mit Salz und Pfeffer würzen, auf den Hörnli anrichten und mit Apfelmus servieren.

Tipp

Hierzu schmeckt frisch geriebener rezenter Schweizer Käse.

Älpler Maccaroni

4 Portionen

	Butter für die Form	Backofen auf 220 °C Ober- und Unterhitze vorheizen. Gratinform einfetten.
2	Kartoffeln, festkochend	Kartoffeln, Karotte und Sellerie schälen, in 1 cm kleine Würfel schneiden, in kochendem Salzwasser ca. 10–15 Minuten weichkochen, abgiessen.
1	Karotte	
40 g	Sellerie	
1	Zwiebel	Zwiebel schälen und in feine Streifen schneiden. 1 EL Butter in einer Bratpfanne erhitzen und die Zwiebel darin auf mittlerer Stufe goldbraun anbraten, beiseitestellen.
30 g	Butter	
3 EL	Mehl	2 EL Butter in einer Pfanne schmelzen, Mehl darüberstreuen, unter Rühren mit einem Schwingbesen kurz anrösten, Milch und Saucenhalbrahm zugeben und zu einer sämigen Sauce einkochen lassen.
7 dl	Milch	
1 dl	Saucenhalbrahm	
220 g	Maccaroni	Während die Sauce einkocht, Maccaroni nach Verpackungsangaben al dente kochen, abgiessen. Käse fein reiben.
100 g	Hartkäse	
	Salz, Pfeffer, Muskatnuss	Gemüse und Maccaroni in die Sauce geben, nochmals aufkochen und mit Salz, Pfeffer und Muskatnuss würzen.
		Alles in die gefettete Gratinform füllen, mit Zwiebelstreifen und geriebenem Käse bestreuen. Bei 220 °C 10–15 Minuten gratinieren.

Dinkel-Spätzli

4	Portionen	

320 g	Mehl
150 g	Dinkelmehl
1 EL	Salz
1 Prise	Muskatnuss
2 dl	Milch
0,8 dl	Wasser
4	Eier

Mehl, Dinkelmehl, Salz und Muskatnuss in einer Schüssel mischen.

Milch, Wasser und Eier mischen und langsam zu den restlichen Zutaten geben.

Mit einer Kelle die Zutaten vermischen und klopfen, bis ein zähflüssiger Teig entsteht. Die Masse zehn Minuten ruhen lassen.

Die Masse durch ein Spätzli-Sieb langsam in siedendes Salzwasser schaben. Sobald die Spätzli an der Oberfläche schwimmen, mit der Schöpfkelle herausheben, gut abtropfen lassen und beiseitestellen.

Tipp

Die Spätzli können kurz vor dem Servieren in etwas Öl in einer Bratpfanne goldbraun gebraten werden. Je nach Mehlsorte und Luftfeuchtigkeit braucht man mal mehr, mal weniger Wasser. Die Spätzli können bereits am Vortag hergestellt werden. Wichtig: Dann die fertigen Spätzli mit etwas Öl vermischen, damit sie nicht zusammenkleben. Die Spätzli lassen sich so auch sehr gut einfrieren.

Pad Thai

4	Portionen		

250 g	Reisnudeln	Reisnudeln in eine Schüssel geben. Mit heissem Wasser übergiessen, stehen lassen, bis sie gar sind, abgiessen und mit der Sojasauce vermischen.
2 TL	Tamari-Sojasauce	
1	Knoblauchzehe	Knoblauch und Schalotten schälen und fein hacken, Frühlingszwiebeln fein schneiden. Mungobohnensprossen heiss waschen und abtropfen lassen. Tofu in 1 cm grosse Würfel schneiden.
2	Schalotten	
4	Frühlingszwiebeln	
50 g	Mungobohnensprossen	
200 g	Tofu	
2 EL	Öl	1 EL Öl erhitzen und Tofu im Wok oder in einer Bratpfanne goldbraun anbraten, auf Haushaltspapier entfetten, in eine Schüssel geben. Eier in die Bratpfanne aufschlagen, verrühren, auf mittlerer Stufe etwa drei Minuten zu Rührei braten. Eier zum Tofu geben.
3	Eier	
2 EL	Tamarindenpaste	Übriges Öl in der Bratpfanne erhitzen. Knoblauch und Schalotten darin glasig braten. Nudeln und Mungobohnensprossen zugeben und kurz rührbraten. Tamarindenpaste, Zucker, Bouillon, Sojasauce und Limettensaft zugeben und untermischen.
1 EL	Rohzucker	
1 dl	Gemüsebouillon (Seite 153)	
4–5 EL	Tamari-Sojasauce	
1	Limette, frisch gepresster Saft	
70 g	Erdnüsse	Erdnüsse grob hacken, mit Frühlingszwiebeln, Rührei und Tofu unter Nudeln mischen, mit Salz und Pfeffer würzen.
	Salz, Pfeffer	

Tipp

Das säuerliche Fruchtfleisch der Tamarinde ist sehr beliebt in der asiatischen Küche und als Paste in Asia-Läden erhältlich. Alternativ kann Zitronensaft verwendet werden.

Citrus Noodles

4 Portionen

1	Peperoni, rot
1	Peperoni, grün
3	Frühlingszwiebeln
1	Zucchetti
1	Knoblauchzehe
3 EL	Öl
1	Zitrone, Zesten
1	Orange, Zesten
½ TL	Sambal Oelek
200 g	Erdnussmus oder ungesüsste Erdnussbutter
1 EL	Sesamöl
1 EL	Rohzucker
1 TL	Szechuanpfeffer
3 dl	Orangensaft, frisch gepresst
1	Zitrone, frisch gepresster Saft
7 dl	Gemüsebouillon (Seite 153)
300 g	feine Bandnudeln
	Salz, Pfeffer
40 g	Erdnüsse, geröstet

Peperoni, Frühlingszwiebeln und Zucchetti rüsten und in feine Streifen schneiden. Knoblauch schälen und fein hacken.

1 EL Öl in einer Pfanne erhitzen und Knoblauch mit Orangen- und Zitronenzesten sowie Sambal Oelek bei mittlerer Hitze kurz anbraten. Erdnussmus oder -butter dazugeben, leicht schmelzen. Sesamöl, Zucker und Szechuanpfeffer dazugeben, mit Orangen- und Zitronensaft und Bouillon ablöschen. Die Sauce 15 Minuten einkochen lassen, dann mit dem Stabmixer pürieren.

Das übrige Öl in einer separaten Bratpfanne erhitzen. Die Gemüsestreifen dazugeben und rührbraten, bis das Gemüse knapp weich ist.

Nudeln in kochendem Salzwasser nach Verpackungsangaben al dente kochen.

Nudeln abgiessen, mit der Erdnusssauce und dem Gemüse mischen. Bei Bedarf mit Salz und Pfeffer würzen. Mit Erdnüssen bestreuen.

Tipp

Der Szechuanpfeffer gibt ein zitroniges Aroma. Alternativ kann etwas mehr geriebene Zitronenschale dazugegeben werden.

Südindische Kokosnudeln

4	Portionen	

1	Karotte
1	Zwiebel
200 g	Spargelbohnen
1	Aubergine

Karotte und Zwiebel schälen, Karotte in feine Streifen und Zwiebel in Ringe schneiden. Spargelbohnen schräg in 3 cm lange Stücke, Aubergine in 2 cm grosse Würfel schneiden.

3 EL	Öl
1½ TL	schwarze Senfsamen
2 TL	Kreuzkümmelsamen
10	Curryblätter
1 TL	Kurkuma
3 TL	Madras-Curry
1½ TL	Kreuzkümmel, gemahlen
4 EL	Zitronensaft, frisch gepresst
3 dl	Gemüsebouillon (Seite 153)
6 dl	Kokosmilch

1 EL Öl erhitzen. Senfsamen, Kreuzkümmelsamen und Curryblätter dazugeben und auf mittlerer Stufe kurz anbraten, bis die Senfsamen aufspringen. Zwiebelringe, Kurkuma, Madras-Curry und Kreuzkümmel beigeben, umrühren. Mit Zitronensaft, Bouillon und Kokosmilch ablöschen, 10–15 Minuten köcheln lassen.

300 g	feine Bandnudeln

Nudeln in kochendem Salzwasser nach Verpackungsangaben al dente kochen.

Übriges Öl in separater Bratpfanne erhitzen und Aubergine goldbraun braten. Karottenstreifen und Spargelbohnen dazugeben, auf mittlerer Stufe weitere fünf Minuten unter Rühren braten.

150 g	grüne Erbsen
	Salz, Pfeffer
¼ Bund	Koriander, gehackt

Sauce mit dem Stabmixer pürieren. Angebratenes Gemüse, Erbsen und Nudeln zu der Sauce geben, mischen und nochmals erhitzen. Mit Salz und Pfeffer würzen und mit Koriander bestreuen.

Teriyaki Udon Noodles

4	Portionen	

1,5 dl	Stir-Fry-Sauce
1,5 dl	Gemüsebouillon (Seite 153)
1 TL	Sesamöl
2 EL	Tamari-Sojasauce
200 g	Tofu

Marinade Stir-Fry-Sauce, Bouillon, Öl und Sojasauce in einer Schüssel verrühren. Tofu in 1 cm grosse Würfel schneiden, in der Sauce marinieren.

1	baumnussgrosses Stück frischer Ingwer
2	Zwiebeln
2	Karotten
2	Pak Choi

Ingwer und Zwiebeln schälen und fein hacken. Karotten schälen und schräg in feine Scheiben schneiden. Pak Choi halbieren und dann sechsteln.

2 EL	Öl
100 g	Mungobohnensprossen

Öl in einem Wok oder einer Bratpfanne erhitzen. Ingwer und Zwiebeln kurz anbraten. Karottenscheiben beifügen und zwei Minuten mitbraten. Pak Choi und marinierten Tofu mit der Marinade zugeben, aufkochen. So lange köcheln lassen, bis das Gemüse gar, aber noch knackig ist. Mungobohnensprossen heiss abwaschen.

200 g	Austernpilze
400 g	Udon-Nudeln, gekocht
	Salz, Pfeffer

Austernpilze säubern, mit den Fingern in Streifen zupfen. Austernpilze, Udon-Nudeln und Mungobohnensprossen zum Gemüse geben, nochmals erhitzen. Mit Salz und Pfeffer würzen.

Tipp

Die Teriyaki Udon Noodles nach Belieben mit gehacktem Koriander oder gerösteten Nüssen bestreut servieren. Udon-Nudeln sind dicke japanische Bandnudeln aus Weizenmehl und meist bereits gegart und vakuumiert erhältlich.

Teriyaki Udon Noodles
Seite 290

Südindische Kokosnudeln
Seite 289

Zucchetti-Spaghetti

4	Portionen	

4	Zucchetti
½ TL	Salz

Zucchetti mit Spiralschneider zu langen Spaghetti schneiden, in Spaghetti-Länge teilen und in eine Schüssel geben. Salz zugeben, vorsichtig mit den Händen einmassieren und 15 Minuten stehen lassen. Ausdrücken, ausgetretenes Wasser ableeren.

2	Tomaten
1 EL	Rosmarin
1 Zweig	Basilikum
1 Zweig	Thymian
1 Zweig	Oregano
¼	rote Zwiebel
80 g	Tomaten, getrocknet
0,8 dl	Olivenöl, kalt gepresst
3	Datteln, entsteint
	Salz, Pfeffer

Marinara-Sauce Die Tomatenstrünke entfernen, Blätter der Kräuter abzupfen und Zwiebel schälen. Alle Zutaten in einen Mixer geben und auf höchster Stufe zu einer Sauce mixen. Mit Salz und Pfeffer würzen.

½	Knoblauchzehe
90 g	Cashewkerne
1 Prise	Salz

Knoblauch schälen, mit Cashewkernen und Salz in der Küchenmaschine zerkleinern, bis die Masse parmesanähnliche Konsistenz hat.

In einer Schüssel die ausgedrückten Zucchetti-Spaghetti mit der Sauce mischen, mit dem Cashew-Parmesan bestreuen.

Tipp

Der Name Spaghetti ergibt sich durch Form und Aussehen, das Gericht schmeckt kalt oder warm. Besonders schön sieht es mit gelben und grünen Zucchetti aus. Anstelle von Zucchetti können ebenfalls Karotten, Randen und Gurken verwendet werden. Ein beliebter Name für das Gericht ist Zoodles, was aus den englischen Wörtern Noodles und Zucchini abgeleitet wird.

Zucchetti-Spaghetti
Seite 292

Grill

Gemüse-Spiesse

4	grosse Spiesse	

4	lange Holzspiesse, ca. 28 cm	Holzspiesse in einer Schüssel mit Wasser einlegen.
1	Knoblauchzehe	**Marinade** Knoblauch schälen, fein hacken und mit Senf, Traubensaft, Paprika, Pfeffer und Öl in einer Schüssel verrühren.
3 EL	Senf	
2 EL	roter Traubensaft	
1 TL	Paprika, edelsüss	
2 TL	schwarzer Pfeffer	
2 dl	Olivenöl	
1	Aubergine	Aubergine in 3 mm dünne Scheiben schneiden.
1	Peperoni, rot	Peperoni halbieren und entkernen. Peperonihälften längs in 3 cm breite Streifen schneiden und anschliessend quer in 4 cm grosse Stücke schneiden. Gemüsezwiebeln schälen und in breite Schnitze schneiden. Die innersten zwei Schichten entfernen, damit sich die Schnitze gut aufspiessen lassen. Zucchetti schräg in 2 cm dicke Scheiben schneiden.
1	Peperoni, gelb	
2	Gemüsezwiebeln	
1	Zucchetti	
8	Champignons	

Gemüse abwechselnd auf die Holzspiesse stecken. Auberginenscheiben dafür jeweils aufrollen. Spiesse auf einen Teller legen, rundum mit der Marinade bestreichen und 30 Minuten marinieren.

Spiesse bei mittlerer Hitze ca. 15 Minuten grillieren, dabei ab und zu wenden.

Tipp

Dazu passt vegane Kräutermargarine (Seite 136).

Paneer-Spiesse

16 Spiesse

16	Holzspiesse, ca. 15 cm	Holzspiesse in einer Schüssel mit Wasser einlegen.
3 EL	Naturejoghurt	**Marinade** Joghurt, Zitronensaft, Öl, Tomatenpüree, Salz, Paprika, Koriander und Kreuzkümmel in einer Schüssel verrühren, über die Spiesse geben und 30 Minuten marinieren.
½	Zitrone, frisch gepresster Saft	
1 EL	Öl	
1 TL	Tomatenpüree	
2 TL	Salz	
1 TL	Paprika, edelsüss	
1 TL	Koriandersamen, gemahlen	
1 TL	Kreuzkümmel, gemahlen	
2	Zwiebeln	Zwiebeln schälen und vierteln. Tomatenstrünke entfernen, Tomaten vierteln. Peperoni und Ananas rüsten, mit Paneer in mundgerechte Stücke schneiden. Achtung: Nicht zu kleine Stücke schneiden, sonst fallen sie von den Spiessen.
2	Tomaten	
1	Peperoni, rot	
½	Ananas	
500 g	Paneer	Gemüse und Paneer jeweils abwechselnd auf die Spiesse stecken.

Spiesse auf ein mit Backpapier belegtes Backblech legen.

Die Paneer-Spiesse grillieren, dabei mehrmals wenden.

Tipp

Zum Marinieren der Spiesse am besten Einweghandschuhe tragen. So lässt sich die Marinade gleichmässig über dem Gemüse verteilen. Alternativ können die Spiesse auch bei 180 °C Ober- und Unterhitze im Ofen für 25 Minuten gebacken werden.

Vegi-Burger

4	Burger

1	Schalotte
1 EL	Olivenöl

Schalotte schälen und fein hacken. Öl in einer Bratpfanne erhitzen und die geschnittene Schalotte darin kurz anbraten.

200 g	Sojahacktes
80 g	Okara
70 g	Paniermehl
15 g	Röstzwiebeln
½ Bund	Petersilie

Patty Schalotte, Sojahacktes, Okara, Paniermehl und Röstzwiebeln in einer Schüssel mischen. Die Petersilie fein hacken und daruntermischen.

30 g	Butter
1 TL	Randenpulver
2 Prisen	Salz
1	Ei
1	Eigelb
	Salz, Pfeffer

Butter in einer Pfanne schmelzen. Butter mit dem Randenpulver, Salz, Ei und Eigelb in ein hohes Gefäss geben und mit dem Stabmixer pürieren, bis alles eine gleichmässige Masse ergibt. Zu den Zutaten in der Schüssel geben und alles sorgfältig mit den Händen zu einer homogenen Masse vermischen. Kräftig mit Salz und Pfeffer würzen und 30 Minuten kühlstellen.

Aus der gekühlten Burgermasse mit leicht befeuchteten Händen vier Pattys formen. Diese bei hoher Hitze auf jeder Seite vier Minuten grillieren.

4	Burgerbrötchen
4 EL	Cocktailsauce (Seite 133)
4	grosse Salatblätter (z. B. Friséesalat)
4	Tomatenscheiben
2	Essiggurken, in Scheiben

Burgerbrötchen auf dem Grill kurz anrösten und beide Hälften dünn mit Cocktailsauce bestreichen. Auf die unteren Hälften je ein Salatblatt, eine Tomatenscheibe und zwei Essiggurkenscheiben legen. Die Pattys darauflegen und die oberen Brötchenhälften daraufsetzen.

Tipp

Dazu passen Kartoffel-Wedges (Seite 84) und Cole Slaw (Seite 190). Die Pattys können sehr gut eingefroren werden. Für Cheeseburger nach dem ersten Wenden eine Scheibe Käse auf das Patty legen und schmelzen lassen.

Satay-Spiesse

16	Spiesse	

16	Holzspiesse, 15 cm	Holzspiesse in einer Schüssel mit Wasser einlegen.
3	Knoblauchzehen	**Marinade** Knoblauch schälen und fein hacken. Knoblauch in einer Schüssel mit Madras-Curry, Kokosmilch, Sojasauce, Zucker und Öl vermischen.
2 TL	Madras-Curry	
0,8 dl	Kokosmilch	
2 EL	Tamari-Sojasauce	
1 EL	Zucker	
2 EL	Öl	
8	Quornschnitzel	Quornschnitzel der Länge nach halbieren und auf die Holzspiesse stecken, mit der Marinade bestreichen und 30 Minuten marinieren.

Satay-Spiesse bei mittlerer Hitze goldbraun grillieren, gelegentlich wenden.

Tipp

Anstatt Quorn kann auch Tempeh oder Tofu verwendet werden. Wer keine Currypaste zu Hause hat, kann anstatt der Currypaste 1–2 Prisen Chilipulver verwenden. Das Chilipulver muss vorher nicht in Öl angeröstet werden.

Satay-Sauce

400	g	

1 TL	Öl	Öl in einer Bratpfanne erhitzen. Currypaste zugeben, kurz anbraten.
1 EL	rote Thai-Currypaste (Seite 118)	
120 g	Erdnüsse, gesalzen	Erdnüsse grob hacken, mit den restlichen Zutaten zugeben und zehn Minuten einkochen. Danach Sauce mit dem Stabmixer mixen.
40 g	Rohzucker	
2 dl	Kokosmilch	
1 EL	Limettensaft, frisch gepresst	
3 EL	Tamari-Sojasauce	

Teriyaki-Tofu-Spiesse

16	Spiesse

16	kleine Holzspiesse, ca. 12 cm

Holzspiesse in einer Schüssel mit Wasser einlegen.

1,5 dl	Tamari-Sojasauce
0,6 dl	Wasser
3 EL	Apfelessig
3 EL	Zucker
1	baumnussgrosses Stück frischer Ingwer

Marinade Sojasauce, Wasser, Apfelessig und Zucker in einer Schüssel verrühren. Ingwer schälen, fein reiben und untermischen.

150 g	Tofu

Tofu in 2 cm grosse Würfel schneiden und 20 Minuten in der Marinade marinieren.

1	Mango

Mango schälen, Fruchtfleisch längs vom Stein wegschneiden und in 2 cm grosse Würfel schneiden.

½ Bund	Koriander
1,5 dl	Orangensaft, frisch gepresst
½	roter Peperoncino

Koriander fein hacken, mit Orangensaft und Peperoncino in ein hohes Gefäss geben und mit dem Stabmixer pürieren. Die Sauce mit den Mangowürfeln mischen.

Pro Spiess einen marinierten Tofuwürfel und zwei Mangowürfel aufstecken. Die Spiesse in einer Grillschale bei kleiner Hitze am Rand des Grills grillieren, mehrmals wenden.

Tipp

Der Tofu schmeckt noch intensiver, wenn man ihn über Nacht im Kühlschrank mit der Teriyaki-Marinade mariniert.

Teriyaki-Pilze

4	Stück	

1 EL	Ahornsirup
1 EL	helle Misopaste (Shiro-Miso)
1 EL	Sesamöl
1 EL	Tamari-Sojasauce
4 EL	Wasser
4	grosse Champignons, z. B. Portobello

Sauce Ahornsirup, Misopaste, Öl, Sojasauce und Wasser in eine Bratpfanne geben und 1–2 Minuten einköcheln lassen.

Pilze in einer Schüssel mit der Teriyaki-Sauce mischen und zehn Minuten marinieren.

Marinierte Pilze auf dem Grillrost zehn Minuten grillieren. Dabei mehrmals wenden.

Teriyaki-Pilze
Seite 303

Sesam-Ingwer-Gemüse
Seite 305

Sesam-Ingwer-Gemüse

4	Portionen	

500 g	grüner Spargel
500 g	Brokkoli
	Wasser
1	Knoblauchzehe
1	baumnussgrosses Stück frischer Ingwer
2 EL	Apfelessig
2 EL	Tamari-Sojasauce
1 EL	Sesamöl
2 EL	Rapsöl
1 Prise	Rohzucker
2 EL	Sesamsamen

Spargel im unteren Drittel schälen und anschneiden. Spargel dritteln. Brokkoli in mundgerechte Röschen zerteilen.

Wasser in die Aluschale für den Grill füllen, Spargel und Brokkoliröschen hineingeben, auf dem Grill bei mittlerer Hitze ca. zehn Minuten dämpfen, bis das Gemüse gar ist.

Knoblauch und Ingwer schälen und fein hacken. Apfelessig, Sojasauce, Sesamöl, Rapsöl und Zucker in einer Schüssel verrühren, Ingwer und Knoblauch untermischen.

Gedämpftes Gemüse in eine Schüssel abgiessen, vorsichtig mit der Sauce mischen und mindestens 20 Minuten ziehen lassen.

Vor dem Servieren mit Sesamsamen bestreuen.

Tipp

Wer Zeit hat, kann das Gemüse auch länger in der Sauce ziehen lassen. Daher lässt sich das Gemüse sehr gut im Voraus vorbereiten. Anstatt Spargel und Brokkoli können auch Zucchetti oder Pilze verwendet werden.

Zitronengras-Tempeh

4 Portionen

1	Knoblauchzehe
3	Schalotten
2	Kaffir-Limetten-Blätter
1	Zitronengrasstängel
1 EL	Tamari-Sojasauce
2 TL	Rohzucker
1 EL	Tamarindenpaste
	Salz, Pfeffer
200 g	Tempeh
½ Bund	Koriander

Marinade Knoblauch und Schalotten schälen, fein hacken. Mittelrippe der Kaffir-Limetten-Blätter entfernen und die Blätter in feine Streifen schneiden. Unteres Drittel des Zitronengrasstängels fein hacken und im Mörser zerstampfen.

Knoblauch, Schalotten, Kaffir-Limetten-Blätter und Zitronengras mit Sojasauce, Zucker und Tamarindenpaste in einer Schüssel mischen, mit Salz und Pfeffer würzen.

Tempeh in längliche fingerdicke Streifen schneiden, mit der Marinade mischen und bei Raumtemperatur 20 Minuten ziehen lassen.

Koriander fein hacken. Tempehstreifen aus der Marinade nehmen und bei mittlerer Hitze rundum goldbraun grillieren. Mit gehacktem Koriander bestreuen.

Tipp

Dazu passt Sweet-Chili-Sauce (Seite 122).
Das säuerliche Fruchtfleisch der Tamarinde ist sehr beliebt in der asiatischen Küche und als Paste in Asia-Läden erhältlich. Alternativ kann Zitronensaft verwendet werden.

Tod Man

16	Stück		

6	Quornschnitzel à 60 g	Quornschnitzel in grobe Stücke schneiden und anschliessend in der Küchenmaschine oder einem hohen Gefäss mit dem Stabmixer pürieren.
1	Limette, Zesten	Limettenzesten, Currypaste, Sojasauce, Kokosmilch und Maizena zum Quorn in den Mixer geben und alles zusammen weiter pürieren.
¼ TL	grüne Thai-Currypaste (Seite 118)	
0,6 dl	Tamari-Sojasauce	
2 EL	Kokosmilch	
2 TL	Maizena	
½ Bund	Koriander, gehackt	Die Masse in eine Schüssel geben. Koriander mit dem Ei darunter schen. Mit Salz und Pfeffer würzen.
1	Ei	
	Salz, Pfeffer	
2 EL	Öl	Mit feuchten Händen 16 esslöffelgrosse Küchlein formen. Grillrost einölen, die Küchlein auf dem Grill bei mittlerer bis hoher Hitze 3–4 Minuten goldbraun grillieren, dabei einmal wenden.

Tipp

Die Küchle n schmecken warm oder kalt. Dazu passt Sweet-Chili-Sauce (Seite 122). Tod Man sind typische thailändische Vorspeisen und werden in verschiedenen Variationen zubereitet: z. B. Tod Man Khao Phod (Maisplätzchen).

Gebäck

Knäckebrot

1	Backblech

4 EL	Sesamsamen
4 EL	Kürbiskerne
4 EL	Sonnenblumenkerne
2 EL	Leinsamen
2 EL	Chiasamen
1 TL	Salz
1 TL	Flohsamenschalen
3 dl	Wasser, warm

Backofen auf 150 °C Ober- und Unterhitze vorheizen.

Samen in einer Pfanne ohne Fett bei mittlerer Hitze anrösten, bis sie fein duften. In einer Schüssel mit dem Salz, den Flohsamenschalen und dem Wasser verrühren und 15 Minuten quellen lassen.

Teig auf einem mit Backpapier belegten Blech ganz dünn ausstreichen und bei 150 °C ca. 40 Minuten backen. Dann herausnehmen, etwas abkühlen lassen, vorsichtig wenden und weitere zehn Minuten backen.

Über Nacht auf einem Rost auskühlen lassen, dann in Stücke brechen.

Tipp

Flohsamenschalen enthalten viele gesunde Ballaststoffe und können das Fünfzigfache an Wasser binden. Wer keine Flohsamenschalen bekommt, kann alternativ die doppelte Menge an Flohsamen, Chiasamen oder Leinsamen verwenden, diese dafür im Mixer fein mahlen.

Veganer Zopf

900	g	⏱ 🥄🥄 🌱

45 g	Mehl	
1 TL	Rohzucker	

Vorteig Mehl und Zucker in einer Schüssel mischen. In die Mitte eine Mulde drücken.

5 g	frische Hefe
0,6 dl	Wasser, lauwarm

Hefe und Wasser verrühren, in die Mehlmulde geben und mit etwas Mehl vom Rand verrühren. Den Vorteig an einem warmen Ort zugedeckt ca. 15 Minuten gehen lassen.

2,5 dl	Wasser, lauwarm
20 g	frische Hefe
425 g	Mehl
1 dl	Öl

Hauptteig Wasser, Hefe, Mehl und Öl zum Vorteig geben und in der Rührmaschine mit den Knethaken vier Minuten lang zu einem glatten Teig verkneten.

Fünf bis zehn Minuten ruhen lassen.

2 TL	Salz

Salz dazugeben und nochmals vier Minuten kneten.

Den Teig mit einem sauberen Geschirrtuch abgedeckt an einem warmen Ort 30–45 Minuten gehen lassen, bis er sein Volumen verdoppelt hat.

Backofen auf 180 °C Ober- und Unterhitze vorheizen.

Den Teig auf der leicht bemehlten Arbeitsfläche nochmals kurz durchkneten, dann nach Belieben in zwei oder drei gleich grosse Teigstücke aufteilen. Die Teigstücke mit den Händen zu langen Strängen rollen, zu einem Zopf flechten und 15 Minuten gehen lassen.

0,8 dl	Sojadrink, lauwarm
2 Msp.	Kurkuma
½ TL	Zucker

Sojadrink mit Kurkuma und Zucker mischen, den Zopf bepinseln.

Zopf auf ein mit Backpapier belegtes Blech legen und fünf Minuten gehen lassen.

Den Zopf bei ca. 180 °C 15–20 Minuten goldbraun backen.

Tipp

Hefe mag es warm, deshalb lauwarme Flüssigkeit verwenden. Alle anderen Zutaten sollten Zimmertemperatur haben.
Statt frischer Hefe kann auch Trockenhefe verwendet werden.
Der Hefeteig braucht Wärme, um optimal aufzugehen. Am besten in der Nähe einer Heizung oder im 50 °C heissen Backofen gehen lassen.
Als Arbeitsfläche keine Glas- oder Marmorplatten, sondern Holz- oder Kunststoffflächen verwenden.

Blitz-Brötchen

10 Brötchen

Backofen auf 200 °C Ober- und Unterhitze vorheizen.

250 g	Mehl
2½ TL	Backpulver
½ TL	Paprika, edelsüss
½ TL	Salz
½ Bund	Schnittlauch
100 g	Frischkäse
1,5 dl	Milch
3 EL	Milch
60 g	Hartkäse, grob gerieben

Mehl, Backpulver, Paprika und Salz in einer Schüssel mischen. Schnittlauch fein hacken, mit Frischkäse und Milch zugeben und alles mit dem Handmixer zu einem glatten Teig verkneten.

Teig mit bemehlten Händen in zehn Stücke teilen, daraus runde Brötchen formen und auf ein mit Backpapier belegtes Blech setzen.

Brötchen mit Milch bestreichen und mit Hartkäse bestreuen. Im Ofen bei 200 °C ca. 15–20 Minuten goldbraun backen.

Tipp

Die Kräuter können je nach Saison ausgetauscht werden, z. B. im Frühling Schnittlauch durch Bärlauch ersetzen. Für süsse Brötchen einfach Paprikapulver, Schnittlauch und Hartkäse gegen eine Handvoll Rosinen oder Cranberrys und grob gehackte Nüsse austauschen. Für eine vegane Variante jeweils pflanzlichen Frischkäse und pflanzliche Milch verwenden und den geriebenen Käse weglassen.

Fladenbrot

10	Stück	

400 g	Mehl
1 TL	Salz
1 TL	Rohzucker
15 g	frische Hefe
2,5 dl	Wasser, lauwarm
2 EL	Olivenöl
½ TL	Paprika, edelsüss
2 TL	Zahtar

Mehl mit Salz in eine Schüssel geben, in der Mitte eine Mulde formen. Zucker mit der zerbröckelten Hefe und 1 dl Wasser in die Mulde geben und zugedeckt zehn Minuten an einem warmen Ort gehen lassen.

Restliches Wasser, 1 EL Öl und Paprika dazugeben und alles mit einem Handmixer zu einem Teig verkneten. So lange rühren, bis sich der Teig vom Schüsselboden löst, anschliessend mit bemehlten Händen weiterkneten, bis der Teig glatt ist. Zugedeckt 30–45 Minuten an einem warmen Ort aufgehen lassen, bis er sein Volumen verdoppelt hat.

Backofen auf 180 °C Ober- und Unterhitze vorheizen.

Teig in zehn Stücke teilen. Die einzelnen Stücke mit bemehlten Händen zu Kugeln formen und flachdrücken, je ca. 1,5–2 cm hoch. Die Fladen auf ein mit Backpapier ausgelegtes Blech legen. Zahtar mit dem übrigen Öl verrühren und auf die Fladenbrote streichen. Abgedeckt nochmals 15 Minuten aufgehen lassen.

Fladenbrote bei 180 °C ca. zwölf Minuten in Ofenmitte goldbraun backen. Sie sind fertig, wenn sie beim Klopfen auf die Unterseite hohl tönen.

Tipp

Anstelle von Zahtar können auch Sesam oder Schwarzkümmelsamen verwendet werden.
Aus übrigem Fladenbrot können leckere Pita-Chips hergestellt werden. Dafür das Fladenbrot in dreieckige Schnitze schneiden, mit Olivenöl bepinseln, nach Belieben mit Salz, Kräutern oder Gewürzen bestreuen und auf einem mit Backpapier belegten Blech bei 200 °C 8–10 Minuten backen.

Früchte-Nussbrot

1 Cake

	Margarine und Mehl für die Form
200 g	Haselnüsse
150 g	Baumnüsse
250 g	Dörraprikosen
200 g	Dörrpflaumen
200 g	Rosinen
250 g	Dörrfeigen
150 g	Dinkelmehl
150 g	Bauernmehl
2 EL	Backpulver
1 dl	Birnel
4 dl	Mandelmilch
1 TL	Zimt
1 Prise	Nelken, gemahlen

Backofen auf 160 °C Ober- und Unterhitze vorheizen.

Cakeform mit Margarine einfetten und mit Mehl bestäuben.

Nüsse grob hacken, Dörrfrüchte in 1 cm grosse Stücke schneiden.

Die beiden Mehlsorten mit dem Backpulver in einer Schüssel mischen. Birnel, Mandelmilch sowie Zimt und Nelken hinzugeben und mit dem Handmixer kurz zu einem glatten Teig rühren.

Gehackte Nüsse und Dörrfrüchte zum Teig geben und kurz unterrühren. Teig sofort in die gefettete Cakeform füllen und auf der untersten Schiene bei 160 °C ca. eine Stunde backen, eventuell am Schluss mit Alufolie abdecken, wenn er zu dunkel wird.

Tipp

Das Früchte-Nussbrot ist in einer Dose im Kühlschrank sehr lange haltbar. Es eignet sich auch zum Tiefkühlen.

Das erste Foto nach meiner Ankunft in der Schweiz

Meine Familie, Verwandte und Freunde aus Eritrea

Meine Heimat Eritrea

«Ich heisse Marsola und komme aus Eritrea. Eritrea ist ein schönes Land im Osten von Afrika, wo ich in den ersten Jahren meines Lebens in Zager, in der Nähe der Hauptstadt Asmara, gewohnt habe. Eritrea hat fünf Millionen Einwohner. Das beliebteste Essen bei uns ist Injera. Das ist ein weiches, saures Fladenbrot aus Mehl. Man muss das Mehl mit Wasser zu einem Teig mischen und diesen dann einige Tage ruhen lassen. Danach macht man daraus Fladen, die auf heissen Tonplatten gebacken werden. Zu diesem Brot gibt es immer viele verschiedene Gerichte. Wir reissen dann ein Stück Injera ab (immer mit der rechten Hand, da die linke als unhygienisch gilt) und nehmen damit eine kleine Portion aus dem Topf. Wir essen also mit der Hand, und das Brot ist wie unser Teller.»

Vollkorn-Brioche

16 Stück

160 g	Dinkel-Vollkornmehl
220 g	Halbweissmehl
50 g	Weizenschrot
2 TL	Salz
20 g	frische Hefe
1 EL	Rohzucker
1 dl	Wasser, lauwarm
1 dl	Milch, lauwarm
85 g	Butter, weich
1	Ei

Beide Mehlsorten mit Weizenschrot und Salz in einer Schüssel mischen, in der Mitte eine Mulde formen. Hefe mit Zucker, Wasser und Milch verrühren, in die Mulde giessen und zehn Minuten gehen lassen.

Butter und Ei dazugeben und alles mit den Händen oder dem Handmixer in ca. zehn Minuten zu einem glatten, elastischen Teig verkneten. Der Teig ist fertig, wenn er sich beim Kneten vom Schüsselrand löst.

Teig zugedeckt an einem warmen Ort ums Doppelte aufgehen lassen, ca. 30–60 Minuten.

Teig vierteln und jedes Viertel erneut in vier Stücke teilen. Die 16 Stücke mit bemehlten Händen zu Kugeln formen und mit genügend Abstand auf ein mit Backpapier belegtes Blech setzen. Zugedeckt nochmals ca. 30 Minuten ums Doppelte aufgehen lassen.

Backofen auf 200 °C Ober- und Unterhitze vorheizen.

Brötchen bei 200 °C in Ofenmitte ca. 20 Minuten goldbraun backen, in den ersten zehn Minuten eine Tasse mit Wasser dazustellen.

Tipp

Die Brötchen sind fertig gebacken, wenn man auf die Unterseite klopft und sie hohl klingen.

Blackies

25	Stück (Blech 30 × 27 cm)	

Backofen auf 180 °C Ober- und Unterhitze vorheizen.

1,2 kg	Süsskartoffeln

Süsskartoffeln schälen, in kleine Würfel schneiden und in Salzwasser 40 Minuten kochen, bis sie sehr weich sind.

12	Medjool-Datteln, entsteint
180 g	Baumnüsse

Datteln und Baumnüsse separat grob hacken.

200 g	Ahornsirup

Süsskartoffeln mit Datteln zerstampfen oder passieren, bis eine glatte, cremige Masse entsteht. Ahornsirup nach und nach beigeben.

200 g	Reismehl
160 g	Mandeln, gemahlen
160 g	Kakaopulver
1 TL	Backpulver
½ TL	Salz
0,9 dl	Wasser

Mehl mit Mandeln, Kakaopulver, Backpulver und Salz in einer Schüssel verrühren. Gehackte Baumnüsse, Wasser und Süsskartoffel-Dattel-Mischung hinzufügen. Gut verrühren.

Blackie-Mischung auf einem mit Backpapier belegten Backblech ausstreichen und bei 180 °C 25 Minuten backen. Aus dem Ofen nehmen und vollständig auskühlen lassen. Dann in 4 cm grosse Würfel schneiden.

Tipp

Luftdicht verpackt und kühl halten sich die Blackies vier Tage.

Brownies

25	Stück (Blech 30 × 27 cm)		

		Backofen auf 180 °C Ober- und Unterhitze vorheizen.
300 g	Baumnüsse	Baumnüsse grob hacken.
360 g	Butter	Butter und Schokolade bei kleiner Hitze in einer Pfanne schmelzen.
500 g	dunkle Kochschokolade	
5	Eier	Eier, Zucker, Vanillezucker und Salz in einer Schüssel mit dem Handmixer schaumig schlagen.
540 g	Rohzucker	
½ TL	Vanillezucker	
1 Prise	Salz	
360 g	Halbweissmehl	Eimasse mit der geschmolzenen Butter-Schokoladen-Masse sorgfältig mischen. Mehl und Nüsse darunterheben.
		Brownie-Masse auf einem mit Backpapier belegten Blech ausstreichen und im unteren Drittel des Ofens bei 180 °C ca. 30 Minuten backen. 15 Minuten auskühlen lassen und in ca. 4 cm grosse Würfel schneiden.

Tipp

Die Brownies sind in einer Blechdose aufbewahrt ca. eine Woche haltbar.

Blondies

25	Stück (Blech 30 × 27 cm)	

Backofen auf 170 °C Ober- und Unterhitze vorheizen.

300 g	Mandeln, geschält

Mandeln auf einem Backblech verteilen und bei 170 °C 15 Minuten rösten.

150 g	Butter
875 g	weisse Schokolade

Butter und Schokolade in einer Pfanne bei kleiner Hitze schmelzen.

5	Eier
4	Eiweiss
½ TL	Salz
500 g	Rohzucker
1 TL	Vanillezucker

Ganze Eier und das zusätzliche Eiweiss, Salz, Zucker und Vanillezucker in eine Schüssel geben und mit dem Handmixer fünf Minuten schaumig schlagen.

600 g	Weissmehl

Butter-Schokoladen-Mischung unter die Eimasse rühren. Geröstete Mandeln grob hacken und untermischen, Mehl löffelweise unterrühren.

Blondie-Mischung auf einem mit Backpapier belegten Backblech ausstreichen und bei 170 °C 25 Minuten backen. 15 Minuten auskühlen lassen, dann in 4 cm grosse Würfel schneiden.

Tipp

Blondies sind in einer Blechdose aufbewahrt ca. eine Woche haltbar.

Schoggikuchen

1	Springform (Ø ca. 20 cm)	

	Butter für die Form
200 g	Butter
200 g	dunkle Schokolade, 70%
80 g	Zucker
2	Eigelb
4	Eier

Backofen auf 175 °C Ober- und Unterhitze vorheizen.

Springform mit Butter einfetten.

Butter im Wasserbad schmelzen, Schokolade zugeben, auflösen und anschliessend ca. fünf Minuten im Kühlschrank auskühlen lassen.

Zucker, Eigelb und Eier in einer Schüssel mit dem Handmixer so lange verrühren, bis sich der Zucker aufgelöst hat. Nicht schaumig rühren.

Schokoladenmasse zur Eimasse geben, nur kurz mischen. Teig in die gefettete Springform geben und bei 175 °C ca. 30 Minuten backen.

Tipp

Die Springform von aussen doppelt mit Alufolie einpacken. Der Teig ist sehr flüssig, so rinnt er weniger aufs Blech.

Zitronen-Cheesecake

1	Brownieform (28 × 18 cm)	

Backofen auf 170 °C Ober- und Unterhitze vorheizen.

	Butter für die Form	Brownieform einfetten.
130 g	Kekse, z. B. Petit Beurre, Shortbread	Kekse im Mixer fein hacken, mit Öl mischen und in der gefetteten Kuchenform verteilen, gut andrücken.
4 EL	mildes Olivenöl	
320 g	Frischkäse	Frischkäse, Magerquark, Zucker, Eigelb und Maizena in eine Schüssel geben und mit dem Handmixer fünf Minuten mixen.
300 g	Magerquark	
150 g	Rohzucker	
4	Eigelb	
2 EL	Maizena	
3 dl	Milch	Milch und Sirup beigeben und nochmals fünf Minuten rühren.
90 g	Ingwer-Zitronen-Sirup	

Masse über die Kekse in der Form verteilen und das Ganze bei 170 °C 30 Minuten backen. Zwei Stunden auskühlen lassen.

Tipp

Glutenfreie Kekse verwenden.

Schoggikuchen
Seite 323

Zitronen-Cheesecake
Seite 324

Chia-Beeren-
Muffins
Seite 327

Nussschnitte
Seite 328

Chia-Beeren-Muffins

13–15 Stück

		Backofen auf 170 °C Ober- und Unterhitze vorheizen.
10 g	Margarine	Muffinblech einfetten oder mit Papierförmchen belegen.
280 g	Dinkelmehl	Mehl, Chiasamen, Backpulver und Salz in einer Schüssel zusammen mischen.
1 EL	Chiasamen	
2 TL	Backpulver	
1 Prise	Salz	
180 g	Datteln, entsteint	Datteln, Öl und Orangensaft in einem hohen Gefäss mit dem Stabmixer fein pürieren.
1 dl	Rapsöl	
1,5 dl	Orangensaft, frisch gepresst	
2,5 dl	Sojadrink	Dattelmischung zusammen mit Sojadrink, tiefgekühlten Beeren und Zitronenzesten zur Mehlmischung geben und kurz unterrühren.
200 g	gemischte Beeren, tiefgekühlt	
1	Zitrone, Zesten	

Masse in das gefettete Muffinblech füllen, dabei jede Form nur zu zwei Dritteln füllen. Muffins bei 170 °C ca. 40 Minuten backen.

Tipp

Da die Muffins keinen zugesetzten Zucker enthalten, sind sie nicht so süss. Wer es lieber süsser mag, kann die Muffins noch zusätzlich mit Ahornsirup oder Rohzucker süssen.

Nussschnitte

1	Backblech		

Backofen auf 170 °C Ober- und Unterhitze vorheizen.

275 g	Butter
130 g	Rohzucker
1	Ei
400 g	Mehl

Teig Butter, Zucker und das Ei in einer Schüssel fünf Minuten mit dem Handmixer verrühren. Dann das Mehl dazugeben, schnell zu einem Teig zusammenfügen.

Teig auf einer bemehlten Arbeitsfläche zu einem Rechteck in Grösse des Backblechs 4 mm dünn ausrollen. Auf ein mit Backpapier belegtes Blech legen, mit einer Gabel mehrfach einstechen und bei 170 °C 15 Minuten backen. Dann abkühlen lassen.

650 g	Haselnüsse
130 g	Haselnüsse, gemahlen
6	Eiweiss

Füllung Haselnüsse von Hand oder im Mixer mittelgrob hacken. Dann mit gemahlenen Haselnüssen und Eiweiss in einer Schüssel mischen.

400 g	Butter
300 g	Zucker
2 EL	Vanillezucker

Butter in einer Pfanne schmelzen, Zucker und Vanillezucker hinzugeben und so lange erwärmen, bis sich der Zucker aufgelöst hat. Die Nussmischung dazugeben und bei mittlerer Hitze sieben Minuten unter Rühren erhitzen, bis sich eine kleine Kruste am Topfboden bildet. Dann den Topf vom Herd nehmen.

| 200 g | Aprikosenkonfitüre |

Abgekühlten Teigboden mit Konfitüre bestreichen. Dann die geröstete Nussmasse darauf verteilen und bei 170 °C 30 Minuten backen.

| 65 g | Schokoladenglasur |

Glasur Schokoladenglasur in einer Pfanne bei kleiner Hitze schmelzen. Wenn die Nussschnitte fertig gebacken ist, die flüssige Schokolade mithilfe eines Löffels darüber verteilen.

Tipp

Die Nussschnitte hält sich in einer Frischhaltebox mindestens vier Tage.

Gewürz-Schoggikuchen

1	Cakeform (ca. 30 cm)

Backofen auf 180 °C Ober- und Unterhitze vorheizen.

	Öl für die Form

Cakeform einfetten und einen Streifen Backpapier in der Länge des Bodens einlegen.

250 g	Mehl
200 g	Rohzucker
½ TL	Salz
2 TL	Backpulver
40 g	Kakaopulver
3 TL	Garam Masala

Mehl, Zucker, Salz, Backpulver, Kakaopulver und Garam Masala in einer Schüssel mischen.

1 dl	Rapsöl
2 EL	Aceto Balsamico, weiss
2 dl	Mineralwasser mit Kohlensäure

Öl, Balsamico und Mineralwasser in einer separaten Schüssel verrühren, dann unter die Mehl-Kakao-Masse rühren. Nur kurz zusammenrühren, bis ein Teig entstanden ist.

Teig in die gefettete Cakeform füllen und bei 180 °C ca. 40 Minuten backen. Nach dem Backen mindestens 30 Minuten in der Form auskühlen lassen.

Tipp

Dazu schmeckt Glace oder Früchtekompott. Anstatt Garam Masala können auch Five Spice oder Lebkuchengewürz verwendet werden. Die Zutaten lassen sich auch sehr schön in ein hohes Einmachglas schichten und so als selbst gemachte Backmischung verschenken.

Apfelkuchen

1	Wähenblech (Ø ca. 33 cm)

Backofen auf 200 °C Ober- und Unterhitze vorheizen.

	Butter

Wähenblech mit der Butter einfetten.

400 g	Mehl
1 TL	Salz
150 g	Butter, kalt, in Stücken
2 dl	Wasser

Mürbeteig Mehl mit Salz in einer Schüssel mischen, Butter mit Mehl von Hand zu einer gleichmässig krümeligen Masse reiben. Wasser dazugiessen, rasch zu einem weichen, glatten Teig zusammenfügen. Teig zu einer Kugel formen, in Frischhaltefolie wickeln und 30 Minuten kühl stellen.

1 kg	Äpfel, z. B. Boskop

Belag Äpfel schälen, vierteln, das Kerngehäuse entfernen und Äpfel in dünne Schnitze schneiden.

Gekühlten Teig auf einer leicht bemehlten Arbeitsfläche ca. 3 mm dünn und rund in der Grösse der Backform auswallen. Teig vorsichtig in die Form legen, Rand gleichmässig andrücken.

1 TL	brauner Zucker

Teig mehrmals mit einer Gabel einstechen. Die Apfelschnitze kreisförmig darauf auslegen, mit dem braunen Zucker bestreuen und bei 200 °C 20 Minuten backen.

4	Eier
3 dl	Rahm
1½ EL	Vanillezucker
1 EL	Maizena
2 EL	Rohzucker

Eier, Rahm, Vanillezucker, Maizena und Zucker in einem Massbecher mit dem Schwingbesen oder Handmixer verrühren. Nach 20 Minuten die Wähe aus dem Ofen nehmen, den Guss darauf verteilen und weitere zehn Minuten backen.

Gewürz-Schoggikuchen
Seite 329

Apfelkuchen
Seite 330

Essen machte mir schon früh Spass

Meine legendären Cookies

Ich bin Vegetarierin ...

«... und dies, seit ich acht Jahre alt bin. So habe ich mich schon früh für diese Küche interessiert, zwischenzeitlich habe ich mich sogar auch einige Monate vegan ernährt. Ich finde, dass es wichtig ist, sich bewusst zu ernähren. Man muss genügend Energie für den Tag haben, aber auch immer wissen, wann es genug ist. Persönlich versuche ich, möglichst viel Gemüse zu essen, ebenso Teigwaren ohne Weizenmehl, da ich dies nicht vertrage. Auf Zucker verzichte ich ganz, ich benutze stattdessen Stevia. Mit Freunden und der Familie zu kochen und zu essen, macht mir sehr viel Spass. Dabei mag ich es, Gerichte auszuprobieren, die nicht jeder schon kennt und vielleicht auch nicht jeder auf Anhieb auswählen würde. Meine eigenen veganen, laktose- und fruktosefreien Cookies sind unschlagbar.»

Chai-Cookies
Seite 336

Vegan Cookies
Seite 335

Vegan Cookies

16 Stück

1	Vanilleschote
240 g	vegane Schokoladenwürfel, dunkel
200 g	Margarine
160 g	Rohzucker
1 EL	Vanillezucker
0,8 dl	Sojadrink
360 g	Weissmehl
40 g	Maizena
1 TL	Backpulver

Backofen auf 180 °C Ober- und Unterhitze vorheizen.

Vanilleschote halbieren und das Mark herauskratzen, die Schokoladenwürfel grob hacken.

Vanillemark, Margarine, Zucker und Vanillezucker in einer Schüssel mit dem Handmixer sorgfältig verrühren.

Nach und nach den Sojadrink beigeben. Mehl, Maizena und Backpulver dazugeben und mischen. Zuletzt die gehackten Schokoladenwürfel unterrühren.

Teig auf einer bemehlten Fläche auswallen und mit einem runden Ausstecher (7 cm Durchmesser) 16 Cookies ausstechen. Diese auf ein mit Backpapier belegtes Blech setzen und bei 180 °C ca. 20 Minuten backen.

Tipp

Die Cookies halten sich in einer Keksdose eine Woche.

Chai-Cookies

20 Stück

1,5 dl	Sojadrink
3 EL	Rooibostee
0,5 dl	Kokosnussöl
1 EL	goldene Leinsamen
1	baumnussgrosses Stück frischer Ingwer
1	Vanilleschote
120 g	Mehl
120 g	Mandeln, gemahlen
50 g	Rohzucker
2 TL	Backpulver
½ TL	Zimt
¼ TL	Piment, gemahlen
½ TL	Kardamom, gemahlen
40 g	Cranberrys

Den Backofen auf 170 °C Ober- und Unterhitze vorheizen.

Sojadrink aufkochen, den Rooibostee drei Minuten darin ziehen lassen. Durch ein Sieb in eine grosse Schüssel giessen. Das Kokosnussöl mit einem Schwingbesen in den Sojadrink rühren. Die Leinsamen hinzugeben und quellen lassen.

Ingwer schälen, fein hacken oder reiben. Vanilleschote halbieren und Mark herauskratzen. Ingwer und Vanillemark zur Kokosnussöl-Leinsamen-Mischung geben und verrühren.

Mehl, Mandeln, Zucker, Backpulver, Gewürze und Cranberrys zugeben, gut mischen.

Jeweils einen Teelöffel Teig pro Cookie auf ein mit Backpapier belegtes Blech setzen, dabei jeweils 5 cm Abstand zueinander einhalten, die Kekse verlaufen.

Cookies be 170 °C 15–20 Minuten backen. Die Kekse auf dem Blech 30 Minuten auskühlen lassen, damit sie nicht brechen.

Tipp

Wer mag, kann die Kekse jeweils noch mit einer Cranberry oder ganzen Mandel garnieren.

Rüeblicake

1	Cakeform (30 cm)	

		Backofen auf 170 °C Ober- und Unterhitze vorheizen.
	Butter	Cakeform einfetten und einen Streifen Backpapier in der Länge des Bodens einlegen.
230 g	Butter, weich	Weiche Butter, Zucker, Salz und Eigelb in einer Schüssel mit dem Handmixer schaumig rühren.
100 g	Rohzucker	
1 Prise	Salz	
5	Eigelb	
5	Eiweiss	Eiweiss steif schlagen, den Zucker unterrühren.
150 g	Zucker	
3	Karotten	Karotten schälen und mit der Bircherraffel raffeln. Zusammen mit den Haselnüssen, dem Mehl, Backpulver und den Zitronenzesten in einer Schüssel mischen.
300 g	Haselnüsse, gemahlen	
100 g	Mehl	
1 TL	Backpulver	
1	Zitrone, Zesten	
		Karotten-Mehl-Mischung unter die Buttermischung rühren. Dann den Eischnee mit einem Teigschaber vorsichtig unterheben.
		Teig in die gefettete Cakeform füllen und bei 170 °C ca. 65–75 Minuten backen. 30 Minuten in der Form auskühlen lassen.
	Puderzucker	Vor dem Servieren aus der Form lösen und mit Puderzucker bestäuben.

Tipp

Anstatt mit Karotten kann der Kuchen auch mit Zucchetti zubereitet werden.

Zitronencake

1	Cakeform (30 cm)	

	Butter	Backofen auf 175 °C Ober- und Unterhitze vorheizen.
		Die Cakeform einfetten und einen Streifen Backpapier in der Länge des Bodens einlegen.
250 g	Butter, weich	Butter, Zucker, Zitronenzesten, Salz und Eier in einer Schüssel mit dem Handmixer zehn Minuten zu einer schaumigen und hellen Masse schlagen.
250 g	Rohzucker	
4	Zitronen, Zesten	
2 Prisen	Salz	
5	Eier	
250 g	Halbweissmehl	Mehl und Backpulver unter Rühren nach und nach zum Teig geben.
2 TL	Backpulver	
		Teig in die Cakeform füllen, mit dem Messer in der Mitte, der Länge nach, einen Schnitt machen und in der unteren Ofenhälfte bei 175 °C ca. 50 Minuten backen. Den Kuchen 45 Minuten in der Form auskühlen lassen.
100 g	Puderzucker	**Zum Tränken** Puderzucker und Wasser in einer Pfanne erwärmen. Zitronensaft dazugeben und gut verrühren.
4 EL	Wasser	
4	Zitronen, frisch gepresster Saft	Abgekühlten Cake aus der Form nehmen, mit einer Gabel in regelmässigen Abständen einstechen und den warmen Sirup mit einem Löffel sorgfältig über die Löcher verteilen.

Rüeblicake
Seite 337

Banana Bread
Seite 340

Zitronencake
Seite 338

Banana Bread

1	Cakeform (30 cm)	

		Backofen auf 180 °C Ober- und Unterhitze vorheizen.
	Butter	Cakeform einfetten und einen Streifen Backpapier in der Länge des Bodens einlegen.
220 g	Butter, weich	Butter, Zucker, Salz und Eier in einer Schüssel mit dem Handmixer schaumig schlagen.
200 g	Rohzucker	
1½ TL	Salz	
3	Eier	
350 g	reife Bananen	Bananen grob zerdrücken und in die Schüssel geben. Baumnusskerne und Schokolade mit Mehl und Natron in einer Schüssel mischen, zur Butter-Ei-Bananen-Mischung rühren, dazwischen immer wieder Milch zugeben, bis die ganze Milch aufgebraucht ist.
100 g	Baumnusskerne, grob gehackt	
100 g	dunkle Schokolade, grob gehackt	
300 g	Mehl	Teig in die gefettete Cakeform füllen und glattstreichen. Mit dem Messer in der Mitte, der Länge nach, einen Schnitt machen und bei 180 °C ca. 45–60 Minuten in der Ofenmitte backen.
2 TL	Natron	
2 dl	Milch	
	Puderzucker	Banana Bread in der Form etwas auskühlen lassen, dann herauslösen und mit Puderzucker bestäuben.

Tipp

Zur Weihnachtszeit noch einen Teelöffel gemahlenen Zimt hinzufügen.

Desserts

Schoggimousse
Seite 343

Soja-Schoggimousse
Seite 345

Mangomousse
Seite 344

Schoggimousse

4	Portionen		

150 g	dunkle Schokolade	Schokolade mit Milch in einer Schüssel im Wasserbad schmelzen.
2 EL	Milch	
3	Eigelb	Eigelb und Zucker mit dem Handmixer in einer Schüssel zu einer hellen, schaumigen Masse rühren.
1 EL	Rohzucker	
		Flüssige Schokolade langsam unter die Eimasse mischen, auf Raumtemperatur abkühlen lassen.
2,5 dl	Rahm	Rahm mit dem Handmixer steif schlagen, mit einem Gummischaber unter die Schokoladen-Ei-Masse ziehen. Mousse mindestens 30 Minuten kühl stellen.

Tipp

Wenn sie ganz schnell fest werden soll, Schoggimousse in den Tiefkühler stellen.
Die Schoggimousse lässt sich blitzschnell in eine feine Browniemousse verwandeln. Dafür 150 g Brownies zerbröseln und 20 g dunkle Schokolade fein raspeln, beides unter die Schoggimousse heben, nachdem der Rahm untergezogen wurde.

Mangomousse

4	Portionen	

240 g	vegane Schlagcreme	Vegane Schlagcreme steif schlagen.
150 g	Mangopulpe (pürierte Mango)	Mangopulpe, Limettensaft und Ahornsirup mit dem Gummischaber unter den Rahm ziehen.
1 TL	Limettensaft, frisch gepresst	
2 EL	Ahornsirup	
½	Mango	Mango schälen, Fruchtfleisch in kleine Würfel schneiden.
		Mangowürfel unter die Mousse ziehen. Mindestens 50 Minuten kühl stellen.

Tipp

Wer keine Mangopulpe bekommt, einfach das Fruchtfleisch einer sehr reifen Mango oder von Mangos aus der Dose fein pürieren.
Anstatt mit Mango kann die Mousse auch mit Papaya, Passionsfrucht oder Beeren zubereitet werden.

Soja-Schoggimousse

4	Portionen

120 g	dunkle Schokolade	Schokolade mit Sojadrink in einer Schüssel im Wasserbad schmelzen.
0,8 dl	Sojadrink	
60 g	Rohzucker	Zucker mit Seidentofu in ein hohes Gefäss geben, mit dem Stabmixer pürieren.
250 g	Seidentofu	
		Geschmolzene Schokolade langsam und unter Rühren zur Seidentofu-Masse geben. Masse auf Raumtemperatur abkühlen lassen.
160 g	vegane Schlagcreme	Vegane Schlagcreme mit dem Handmixer steif schlagen, zusammen mit Schokoladeraspeln vorsichtig unter die abgekühlte Schokoladenmasse heben, mindestens zwei Stunden kühl stellen, damit die Mousse richtig fest wird.
50 g	dunkle Schokolade, geraspelt	

Tipp

Im Tiefkühler wird die Schoggimousse bereits nach einer Stunde fest.

Vegane Pannacotta

4	Portionen	

1	Vanilleschote	Vanilleschote längs halbieren, Mark herauskratzen.
3 dl	vegane Schlagcreme	Vanillemark zusammen mit veganer Schlagcreme, Sojadrink und Zucker in einer Pfanne langsam aufkochen.
2,5 dl	Sojadrink	
60 g	Zucker	
4 g	Agar-Agar	Agar-Agar zugeben, drei Minuten unter Rühren leicht köcheln lassen.

Die Pannacotta in vier Förmchen abfüllen, mindestens eine Stunde kühl stellen.

Tipp

Beeren nach Wahl pürieren, evtl. mit etwas Ahornsirup süssen und als Fruchtsauce zur Pannacotta servieren.

Vegane Pannacotta
Seite 346

Granatapfel-Granité
Seite 350

Blitz-Mangoglace
Seite 349

Blitz-Mangoglace

4	Portionen	
2	Mangos, Fruchtfleisch, ca. 600 g	Das Mangofruchtfleisch klein würfeln, über Nacht tiefkühlen.
1,5 dl 1 dl	vegane Schlagcreme Sojadrink	Tiefgefrorene Mangowürfel ca. 15 Minuten antauen lassen. Mit veganer Schlagcreme und Sojadrink in einem hohen Gefäss mit dem Stabmixer pürieren, bis eine Glacemasse entsteht.
		Die Mangoglace sofort geniessen.

Tipp

Je nach Süsse der Früchte kann die Glace zusätzlich mit Ahornsirup gesüsst werden.
Wer die Mangoglace nicht direkt essen möchte, kann diese bis zur Verwendung einfrieren.
Anstatt Mango können z. B. auch Beeren verwendet werden. Ganz schnell geht es mit Tiefkühlbeeren, die direkt mit dem Stabmixer püriert werden können.

Granatapfel-Granité

4	Portionen	

4 dl	Granatapfelsaft
70 g	Rohzucker
1	Granatapfel
1 EL	Limettensaft, frisch gepresst

Granatapfelsaft und Zucker in einer Pfanne erwärmen, bis der Zucker geschmolzen ist.

Granatapfel halbieren, die Kerne auslösen.

Granatapfelkerne und Limettensaft unter den Granatapfelsaft rühren, alles in der Eismaschine gefrieren lassen.

Tipp

Wer keine Eismaschine hat, stellt die Masse in einer gefriergeeigneten Form in den Tiefkühler und rührt während der ersten zwei Stunden alle 30 Minuten durch, damit die Masse körnig bleibt. Nach ca. vier Stunden ist das Granité fertig.

Erdbeer-Rhabarber-Kompott

4	Portionen	

250 g	Erdbeeren	Erdbeeren vierteln oder achteln. Rhabarber schälen, schräg in ca. 2 cm breite Stücke schneiden.
250 g	Rhabarber	
4 EL	Zucker	Zucker auf mittlerer Stufe in einer Pfanne schmelzen und karamellisieren. Vorsichtig mit Orangensaft ablöschen, köcheln lassen, bis sich der hart gewordene Karamell gelöst hat.
1	Orange, frisch gepresster Saft und Zesten	
1	Vanilleschote	Vanilleschote aufschneiden, Mark herauskratzen. Schote und Mark mit Rhabarber und den Orangenzesten zum Karamell geben. Rhabarber auf kleiner Stufe 5–6 Minuten weichköcheln – aber nicht zu lange, da er sonst zerfällt.

Erdbeeren zugeben, etwa zwei Minuten mitköcheln.

Vanilleschote entfernen. Kompott warm oder kalt servieren.

Tipp

Das Erdbeer-Rhabarber-Kompott passt zu allerlei Desserts wie Glace, Mousse, Crumble, Pannacotta, Chia-Pudding und vielem mehr. Alternativ zu Rhabarber können auch Beeren oder andere Sommerfrüchte wie Pfirsich oder Nektarine verwendet werden.

Tiramisu

1	Gratinform	

Backofen auf 185 °C Ober- und Unterhitze vorheizen.

1	Zitrone, abgeriebene Zesten
120 g	Zucker
150 g	Mehl
1	Päckchen Backpulver
1,5 dl	Mineralwasser mit Kohlensäure
4 EL	Öl

Biskuit Zitronenzesten, Zucker, Mehl und Backpulver in eine Schüssel geben, vermischen. Mineralwasser und Öl zugeben, unterrühren.

Teig auf einem mit Backpapier belegten Blech ausstreichen, in der Ofenmitte bei 185 °C zehn Minuten backen. Abkühlen lassen.

3 dl	Sojadrink
1 EL	Rohzucker
1	Vanilleschote, Mark
2 EL	Maizena

Füllung 2 dl Sojadrink, Zucker und Vanillemark in einer Pfanne aufkochen. Maizena und übrigen Sojadrink in einem Litermass mischen, zur gekochten Milch geben, unter Rühren aufkochen. Gebundene Creme kühl stellen.

150 g	Beeren
1 EL	Puderzucker

Beeren und Puderzucker in einer Pfanne fünf Minuten auf kleiner Stufe köcheln lassen. Heisse Beeren mit dem Stabmixer pürieren, beiseitestellen.

350 g	vegane Schlagcreme

Vegane Schlagcreme mit dem Handmixer steif schlagen. Abgekühlte Vanillecreme zuerst mit einem Gummischaber umrühren, dann vorsichtig die vegane Schlagcreme unterheben.

400 g	Früchtekompott (Erdbeer-Rhabarber-Kompott, Seite 351)

Die Hälfte des abgekühlten Biskuits in der Form flach auslegen. Mit der Hälfte Früchtekompott bestreichen, die Hälfte der Vanillecreme darübergeben.

Eine zweite Schicht einschichten. Zum Schluss Beerensauce darüber verteilen. Tiramisu über Nacht kaltstellen.

Tipp

Das Tiramisu kann je nach Saison mit anderen Früchtekompotten und Früchtesaucen variiert werden. Die Creme lässt sich ebenfalls sehr gut mit Gewürzen aromatisieren.

Beeren-Seidentofu
Seite 354

Chia-Kokos-Pudding
Seite 360

Tiramisu
Seite 352

Beeren-Seidentofu

4 Portionen

300	Erdbeeren
1 TL	Rohzucker
1	Vanilleschote
250 g	Seidentofu
50 g	Puderzucker
200 g	vegane Schlagcreme
200 g	Kekse, vegan
2 EL	Orangensaft, frisch gepresst

Stielansatz der Erdbeeren entfernen, je nach Grösse vierteln oder achteln, mit dem Zucker in einer Schüssel vermischen.

Vanilleschote längs halbieren, Mark herauskratzen. Vanillemark zusammen mit Seidentofu und Puderzucker in einem hohen Gefäss mit dem Stabmixer pürieren.

Vegane Schlagcreme mit dem Handmixer steif schlagen, mit dem Gummischaber unter die Seidentofu-Creme ziehen.

Kekse in ein sauberes Küchentuch wickeln, mit dem Wallholz darüberrollen, sodass grobe Brösel entstehen. Brösel in eine Schüssel geben, mit Orangensaft mischen.

Zutaten abwechselnd in Gläser oder Schälchen schichten – zuerst Erdbeeren, dann Seidentofu-Creme. Abschliessend getränkte Kekse darüberstreuen.

Tipp

Anstelle von Erdbeeren eignen sich ebenfalls alle anderen Beeren sowie Steinfrüchte wie Nektarinen, Aprikosen oder Pfirsiche. Jeweils darauf achten, dass die Früchte sehr reif sind.

Apfelmus

4	Portionen

1	Zitrone, frisch gepresster Saft
1 dl	Wasser
2 EL	Zucker
1 TL	Zimt

Zitronensaft mit Wasser, Zucker und Zimt in eine Pfanne geben.

4	säuerliche Äpfel, z. B. Boskop

Äpfel schälen, vierteln, das Kerngehäuse entfernen und in kleine Würfel schneiden. Äpfel zur Flüssigkeit in die Pfanne geben und aufkochen.

Apfelwürfel ca. 10–15 Minuten auf mittlerer Stufe weichkochen, anschliessend mit einem Stabmixer pürieren.

Tipp

Das Apfelmus in grösseren Mengen auf Vorrat herstellen und noch heiss in sterilisierte Einmachgläser füllen. So ist es 1–2 Jahre haltbar.

Bread and Butter Pudding
Seite 357

Heidelbeer-Haselnuss-Crumble
Seite 358

Bread and Butter Pudding

1	Gratinform		

		Backofen auf 180 °C Ober- und Unterhitze vorheizen.
	Butter	Die Gratinform mit Butter einfetten.
250 g	Brot oder Brötchen	Brot in mundgerechte Würfel schneiden, auf ein mit Backpapier belegtes Blech geben, bei 180 °C ca. zehn Minuten backen.
2,5 dl	Milch	**Vanillesauce** 2 dl Milch mit Rahm, Zucker, Salz, Vanillemark und Vanilleschoten in einer Pfanne zum Kochen bringen, fünf Minuten auf kleiner Stufe kochen lassen, Vanilleschoten entfernen.
3 dl	Rahm	
50 g	Rohzucker	
1 Prise	Salz	
2	Vanilleschoten	
4	Eigelb	0,5 dl Milch, Eigelb und Maizena in einer Schüssel verrühren.
2 EL	Maizena	
		Die Milch-Eigelb-Maizena-Mischung in die heisse Milch geben, auf mittlerer Stufe unter ständigem Rühren untermengen, bis die Masse bindet. Die Milch darf nicht kochen.
60 g	Butter	Butter schmelzen, mit Vanillesauce und den gebackenen Brotwürfeln in einer Schüssel mischen, 20 Minuten einweichen, dabei umrühren.
100 g	Himbeer-Konfitüre	Himbeer-Konfitüre in der Gratinform verteilen, Rosinen darüberstreuen, mit der Vanille-Brot-Mischung auffüllen, bei 180 °C ca. zehn Minuten backen. Den Auflauf warm mit etwas Puderzucker bestreuen.
100 g	Rosinen	
	Puderzucker	

Tipp

Dieses Rezept eignet sich gut, um trockenes Brot vom Vortag aufzubrauchen. Zur Abwechslung die Konfitüre-Sorte wechseln oder z. B. Rosinen durch Cranberrys ersetzen.

Heidelbeer-Haselnuss-Crumble

1	Gratinform	

Backofen auf 200 °C Ober- und Unterhitze vorheizen.

Öl — Die Gratinform mit Öl einfetten.

150 g	Mehl
180 g	Rohzucker
150 g	Mandeln, gemahlen
½ TL	Zimt
200 g	Margarine

Crumble Mehl, Zucker, Mandeln und Zimt in einer Schüssel mischen. Margarine in Stückchen zugeben, mit den Händen zu groben Krümeln reiben.

| 80 g | Haselnüsse, gemahlen |
| 700 g | Heidelbeeren, frisch oder tiefgekühlt |

Gefettete Gratinform mit gemahlenen Haselnüssen ausstreuen. Heidelbeeren darüber verteilen, mit dem Crumble gleichmässig bedecken.

Heidelbeer-Haselnuss-Crumble bei 200 °C 20 Minuten goldbraun backen.

Tipp

Den Crumble nach Belieben vor dem Servieren mit Puderzucker bestäuben. Alternativ zu den Heidelbeeren können auch andere Früchte verwendet werden wie Ananas, Aprikosen, Äpfel, Beeren oder Rhabarber. Mit Kokosraspeln anstatt der gemahlenen Haselnüsse bekommt der Crumble eine exotische Note.

Sticky Rice

4	Portionen	

200 g	schwarzer asiatischer Klebreis	Reis in einem Sieb kalt abbrausen, bis das Wasser klar ist. Über Nacht in einer Schüssel mit kaltem Wasser einweichen.
		Eingeweichten Reis im Siebeinsatz in eine Pfanne geben, Wasser bis zum Siebeinsatz einfüllen. Zugedeckt auf kleinster Stufe ca. 10–15 Minuten dämpfen, bis er weich ist. Reis in eine weite Schüssel geben, auflockern.
500 g	Kokosmilch aus der Dose	Kokosmilchdose öffnen und nicht schütteln, die obere, feste, cremeartige Schicht mit einem Löffel abschöpfen, in eine Schüssel geben, gut durchrühren und beiseitestellen.
100 g 1 Prise	Zucker Salz	Restliche flüssige Kokosmilch mit Zucker und Salz verrühren, unter den lauwarmen Reis mischen.
2 EL	Sesam	Sesamsamen in einer Bratpfanne ohne Fettzugabe auf mittlerer Stufe rösten, bis sie fein duften.
		Sticky Rice in Schälchen füllen und mit beiseitegestellter Kokoscreme und geröstetem Sesam garnieren.

Tipp

In Thailand wird Sticky Rice traditionell mit Mangoschnitzen gegessen. Ebenso eignet er sich auch gut als Beilage zu Wokgerichten, dann einfach den Zucker und die Kokosmilch weglassen. Wer Sticky Rice aufheben möchte, kann den Reis nach dem Kochen in Frischhaltefolie luftdicht verpacken und bis zur weiteren Verwendung aufbewahren. So bleibt er schön klebrig und trocknet nicht aus.

Brombeer-Milchreis

4	Portionen

140 g	Risottoreis
6 dl	Milch
2 Prisen	Salz
2,4 dl	Rahm
4 EL	Vanillezucker
1 TL	Zimt
250 g	Brombeeren

Reis, Milch und Salz in einer Pfanne aufkochen, Herd ausschalten und den Reis ca. 30–40 Minuten gar ziehen lassen, abkühlen.

Rahm, Vanillezucker und Zimt in einem hohen Gefäss mit dem Handmixer steif schlagen, mit Brombeeren unter den abgekühlten Milchreis heben.

Tipp

Zum Milchreis schmecken statt Brombeeren auch andere Früchte oder Apfelmus (Seite 355).
Für eine exotische und zugleich vegane Variante Kokosmilch anstatt Milch und Rahm verwenden. Dazu statt Brombeeren gewürfelte Ananas oder Mango und statt Zimt gemahlenen Kardamom verwenden.

Chia-Kokos-Pudding

4	Portionen

3,5 dl	Kokosmilch
2 EL	Ahornsirup
¼ TL	Zimt
¼ TL	Kardamom, gemahlen
3 EL	Chiasamen

Die Kokosmilch aufkochen, Ahornsirup, Zimt und Kardamom unterrühren und die Kokosmilch vom Herd nehmen.

Die Chiasamen sorgfältig unter die heisse Kokosmilch rühren. Den Chia-Kokos-Pudding in vier kleine Schälchen füllen und eine Stunde (oder über Nacht) kaltstellen.

Tipp

Den Chia-Kokos-Pudding mit Mangopulpe (pürierte Mango), Beeren-Kompott oder marinierten Früchten garnieren.

Sticky Rice
Seite 359

Brombeer-Milchreis
Seite 360

Meine türkischen Wurzeln

«Ursprünglich kommt meine Familie aus der Türkei, einem wunderschönen Land, bewohnt von offenen, herzlichen und gastfreundlichen Menschen. Ich wurde in der Schweiz geboren und fühle mich deshalb genauso auch als Schweizerin. Wir sind sehr oft in der Türkei, weil der grösste Teil meiner Familie immer noch dort lebt. Es macht mich jedes Mal sehr glücklich, wenn ich in den Ferien meine Verwandten in der Türkei besuchen darf. Dann wird mir jeweils bewusst, was die beiden Länder nebst der Sprache am meisten unterscheidet: das Essen. Wir Türken lieben süsse Sachen über alles, zum Beispiel Lokum. Das ist eine sehr beliebte Speise bei uns, die aber auch in vielen anderen Ländern des Nahen Ostens zubereitet wird. Oder Helva, ein Gemisch aus Ölsamen, Zucker und Honig. Wenn ich in der Türkei bin, könnte ich die klebrige Süssigkeit rund um die Uhr essen. Die bekannteste Variante des türkischen Gebäcks ist sicherlich Baklava. Das Beste für mich hat aber mit süss gar nichts zu tun und ist sauer. Tursu nennt sich das in Essig eingelegte Gemüse aller Art. Immer wenn ich Tursu esse, kommen viele positive Erinnerungen auf, Bilder von besonderen Anlässen mit der ganzen Familie.
Wir essen in der Türkei alle zusammen sitzend am Boden. Es gibt oftmals nur Wasser zum Trinken, dafür sind die Speisen umso vielfältiger – und natürlich selbst gemacht, wie unser bekanntes Joghurt. Häufig sind in den Familien viele Gäste zu Besuch. Natürlich werden diese zum Essen eingeladen. Diese Gastfreundschaft macht das Land für mich zusätzlich so besonders, denn jeder ist willkommen.»

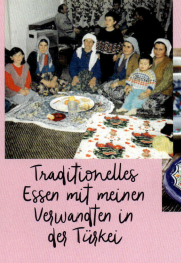

Traditionelles Essen mit meinen Verwandten in der Türkei

Baklava
Seite 365

Baklava

6 Stück

Backofen auf 180 °C Ober- und Unterhitze vorheizen.

250 g	Zucker
3,5 dl	Wasser
1 EL	Zitronensaft, frisch gepresst
1 EL	Orangenblütenwasser
1 EL	Rosenwasser

Sirup Zucker und Wasser ca. zehn Minuten in einer Pfanne stark kochen. Zitronensaft durch ein Sieb hinzugiessen, Orangenblütenwasser unterrühren und weitere fünf Minuten einkochen. Rosenwasser zugeben und den Sirup vollständig abkühlen lassen.

2	Blätter Strudelteig
2 EL	Margarine

Teig Margarine in einer Pfanne schmelzen. Strudelteig auseinanderfalten und mit einem trockenen Küchentuch bedecken. Die zwei Teigblätter halbieren, sodass vier Blätter entstehen, drei Teigblätter mit Butter einpinseln und übereinanderlegen. Das vierte Blatt darauflegen, nicht einfetten. Den Stapel Teigblätter in sechs Quadrate von ca. 9 cm schneiden.

40 g	Baumnüsse
40 g	Pistazien
40 g	Mandeln, geschält
½ EL	Rosenwasser
80 g	Honig
1 EL	Orangensaft, frisch gepresst
3 EL	Wasser

Füllung Baumnüsse, Pistazien und Mandeln fein hacken, mit Rosenwasser, Honig und Orangensaft in einer Schüssel mischen.

In die Mitte jedes Teigquadrats 1 EL der Füllung geben. Teigrand mit Wasser bestreichen. Baklavas in Muffinformen setzen und bei 180 °C ca. 15 Minuten backen.

Abgekühlten Sirup über die heissen Baklavas träufeln, die Baklavas sofort geniessen.

Tipp

Viele orientalische Süssigkeiten werden mit Sirup gesüsst. Ohne Sirup wären sie trocken und weniger köstlich. Damit das Tränken gut gelingt, immer kalten Sirup auf heisses Gebäck oder heissen Sirup auf kaltes Gebäck träufeln. Da der Strudelteig nicht klebt, muss die Form nicht eingefettet werden.

Exotische Frühlingsrollen

Ergibt ca. 16 Stück
Zutaten: 250 g Ananas,
1 dl Wasser, 1 TL Limettensaft, 35 g Zucker, 50 g Marzipanmasse, 70 g Kokosraspel, 20 g Margarine, 16 Blatt Frühlingsrollenteig, 10 × 10 cm

1 Den Backofen auf 180 °C Ober- und Unterhitze vorheizen. Ananas rüsten, in sehr kleine Würfel schneiden. Wasser und Limettensaft in einer Pfanne aufkochen. Zucker zugeben, schmelzen. Ananaswürfel zugeben, zwei Minuten auf kleiner Stufe köcheln lassen. Marzipanmasse beigeben, unter gelegentlichem Rühren mitkochen, bis sie sich ganz aufgelöst hat. Kokosraspel unterrühren, bis die gesamte Flüssigkeit aufgesogen ist.

Masse auskühlen lassen. Ein Frühlingsrollenteigblatt auf ein Schneidebrett legen, leicht mit Wasser bepinseln. 1 EL Füllung in der Mitte auf die untere Hälfte des Teigblatts setzen – zum unteren Rand sowie nach rechts und links jeweils 1½ cm Rand frei lassen.

2 Die Ränder mit wenig Wasser bepinseln. Zuerst die beiden freien Ränder rechts und links nach innen über die Füllung klappen.

3 Den unteren freien Rand über die Füllung klappen und die Frühlingsrolle zum oberen freien Rand hin aufrollen.

4 So fortfahren, bis alle Teigblätter aufgebraucht sind.

5 Margarine in einer Pfanne schmelzen. Frühlingsrollen auf ein mit Backpapier belegtes Blech setzen, mit der flüssigen Margarine bestreichen.

6 In der Mitte des Backofens 15–20 Minuten bei 180 °C goldbraun backen. Warm servieren.

Tipp

Statt mit Margarine können die Frühlingsrollen vor dem Backen auch mit Kokosöl bestrichen werden. Die Frühlingsrollen schmecken sehr gut mit Glace oder Fruchtsalat.

Wie entstand der «Greentopf»?
Welche Zusatzangebote gibt es?

Gian-Marco, Aylin, Marsola, Melissa, Shania, Zoja und Joël (von links) stehen zum Abschluss des Buches stellvertretend für alle Schülerinnen und Schüler, die sich in den vergangenen Jahren mit viel Engagement und Begeisterung für dieses Herzensprojekt eingesetzt haben.

Über alle anderen Jugendlichen, die verschiedenen Phasen der Entstehung, die beteiligten Partner, die Zusatzangebote und Neuigkeiten zum Werk informiert die Website www.greentopf.ch ausführlich.

greentopf.ch

#greentopf